계명대학교 출판부
KEIMYUNG UNIVERSITY PRESS

Korean Alive Beginner Ⅰ

살아있는 한국어 Ⅰ

계명대학교 한국어학당
Korean Language and Culture Center
Keimyung University

Korean Language

머리말

말을 배운다는 것은 참으로 오랜 시간을 필요로 하는 것 같다. 많은 사람들은 어린 아이가 말을 깨쳐 가는 과정을 보며 그 빠른 속도에 놀라워한다. 그러나 어린 아이가 '제대로 된' 의사소통을 하기까지 걸리는 시간을 생각해 보면 모국어 습득이라 할지라도 단 시간에 이루어지는 것이 아니다. 하물며 외국어야 더 말할 나위 없을 것이다.

급하게 먹는 음식이 체하기 쉬운 것처럼 말이라는 것도 일정한 시간과 공을 들여야 하는 것이라면, 그 기간을 무리하게 줄이는 방법보다는 차라리 차근차근 익혀갈 수 있도록 안내해 주는 교재가 필요할 것이다. 그 먼 길이 너무 험하지 않도록 돌부리를 골라내고 끊어지지 않도록 다리를 놓아주고 지루하지 않도록 길동무를 해줄 수 있는 그런 교재 말이다.

시중에는 많은 교재들이 출간되어 있다. 각각 다른 기획 의도 하에 각기 다른 장점들을 가지고 있는 것으로 안다. 이 교재를 기획하며 우리 집필진은 다음과 같은 몇 가지 사항을 목표로 삼았다.

첫째, 한국어를 접하는 학습자들에게 한국어가 '재미있는 언어' 임을 알게 하자는 것이다. 그래서 교실에서 활용할 수 있는 여러 가지 재미있는 게임과 활동을 단원의 주제에 맞게 제시하였다.

둘째, 한국어를 '쉽게' 배우도록 하자는 것이다. 단원과 단원 사이의 연계성과 난이도 조절에 무척 많은 고심을 하여 가능한 한 쉽게 접근할 수 있도록 하였다.

셋째, 배운 내용을 생활에서 곧바로 쓸 수 있도록 하자는 것이다. 그런 점을 고려하여 이 책에서는 구어체인 '해요체' 를 먼저 제시하고 단원마다 학습자들이 실생활에서 접할 수 있는 기능과 상황을 중심으로 구성하였다.

넷째, 학문 목적의 학습자들을 위하여 쓰기와 읽기 능력을 향상시킬 수 있도록 하자는 것이다. 매 단원 종합 문제에서 쓰기와 읽기 자료가 제시된 것은 바로 이 때문이다.

이 교재는 부교재인 워크북과 함께 사용될 것이다. 워크북을 통해 학습자는 더 다양한 연습 활동으로 한국어 실력을 향상시킬 수 있을 것이라고 생각한다.

책이 나오기까지 한국어학당 여러 선생님들의 정성과 노고가 있었다. 직접적으로 교재 개발에 참여한 선생님들은 물론 주위에서 보이지 않는 성원과 도움을 아끼지 않았던 많은 분들의 수고에 감사드린다. 또한 김기환 팀장님과 제갈 상수 팀장님, 정지용 선생님 등 행정팀의 지원과 출판부의 여러 선생님들의 수고에 감사드린다. 덕분에 작업과 출판 과정이 순조로울 수 있었던 것 같다. 일일이 열거할 수는 없지만 각종 자료 수집과 편집에 도움을 준 주변의 많은 분들에게도 감사를 드린다.

이 책이 실제 수업에서 교사와 학습자에게 유익하게 사용되기를 기대한다.

2008년 7월

계명대학교 한국어학당

소장 김 선 정

일러두기

《살아있는 한국어 I》은 한국어를 처음 접하는 학습자들이 쉽고 재미있게 한국어의 기초 지식을 알아갈 수 있도록 만든 교재이다. 한국에서 유학하고자 하는 학습자는 물론이고 일반 목적의 학습자들이 한국어의 자모 체계와 실생활에 필요한 기본적인 표현들을 익힐 수 있도록 하였다. 본 교재는 기초적인 의사소통에 필요한 기능을 중심으로 구성되었으며, 다양한 과제 활동을 통해 학습자들이 여러 가지 상황 속에서 한국어 문법과 표현들을 익힐 수 있도록 하였다. 본 교재를 통해 학습자들은 말하기, 듣기, 쓰기, 읽기의 모든 언어활동 능력을 키우게 될 것이다.

본 교재는 한국어 자모음 체계와 발음을 익히는 『준비』부분과 20개의 단원으로 이루어져 있으며 총 200시간 정도의 한국어 수업 시간을 고려하였다. 각 단원은 서로 연관성이 있는 2개의 본문을 중심으로, 『단어와 표현』, 『조금 더 공부해요』, 『문법』, 『연습』, 『함께 해요』, 『종합연습』, 『읽기』등으로 구성되어 있다. 이 중에서 『조금 더 공부해요』와 『함께 해요』는 각 단원의 성격에 맞는 다양한 내용으로 구성하고자 하였다.

교재 구성

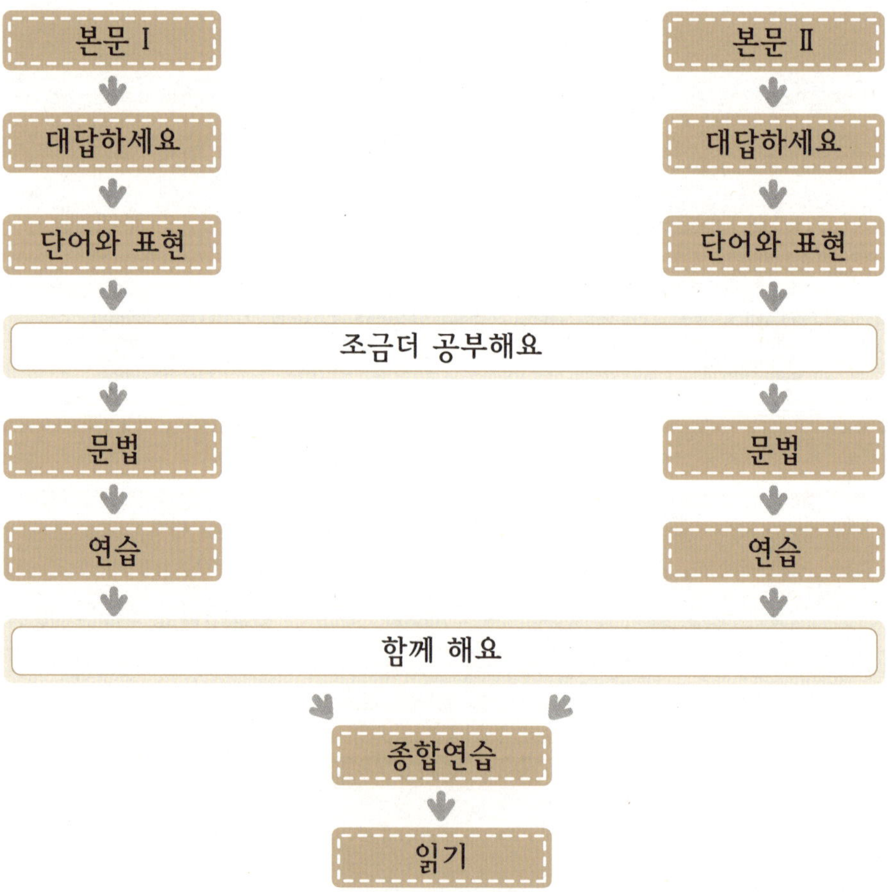

1. **「본문」**은 대화문을 중심으로 구성하였다. 본문의 내용과 어울리는 적절한 그림과 함께 제시하여 학습자들이 본문의 내용을 유추하고 교사와 함께 다양한 대화를 나눌 수 있도록 하였다.

2. **「대답하세요」**는 본문의 내용과 관련된 질문으로 학습자들의 본문에 대한 이해 정도를 확인할 수 있도록 하였다.

3. **「단어와 표현」**에서는 본문에 나오는 새로운 단어나 표현을 제시하였다. 표현의 경우, 다양한 예문을 통해 학습자의 이해를 돕고 빈칸을 두어 학습자 스스로가 배운 표현을 활용하여 문장을 만들어 볼 수 있도록 하였다.

4. **「조금 더 공부해요」**에서는 단원의 교육 목표와 직접 관련된 어휘나 표현들을 정리하여 학습자들이 좀 더 심화된 학습을 할 수 있도록 하였다.

5. **「문법」**은 해당 과에서 배워야 할 문법을 제시하고 그 문법에 해당하는 적절한 예문들을 제시하여 학습자들의 이해를 돕고자 하였다. 불규칙 용언 등 변화가 다양한 문법은 표를 활용하여 보기 쉽게 제시하였다.

6. **「연습」**은 해당 문법과 같은 페이지에 배치하여 학습자들이 학습한 문법을 바로 활용하여 확인할 수 있도록 구성되었다.

7. **「함께 해요」**는 말하기 중심의 과제로, 학습자들이 게임이나 짝 활동이나 소그룹 활동을 할 수 있도록 하여 배운 문법을 자연스럽게 활용할 수 있도록 하였다.

8. **「종합연습」**은 해당 과에서 배운 문법과 표현 등을 종합적으로 풀 수 있는 다양한 문제를 제시하였다. 말하기, 쓰기, 듣기의 통합적 활동을 통해 학습자들의 의사소통 능력 향상에 도움을 주고자 하였다.

9. **「읽기」**는 해당 단원의 주제 및 소재와 관련된 읽기 자료가 제시되어 학습자들이 한국어 읽기 능력을 배양할 수 있도록 하였다. 글을 읽고 내용과 관련된 질문을 통해 학습자들이 내용을 이해했는지를 파악할 수 있도록 하였다.

내용 구성

과	제목	기능	문법	표현
1	만나서 반가워요	인사하기 자기소개 하기	N예요/이에요 N은/는 N예요?/이에요?	네 아니요
2	이건 뭐예요?	지시어로 표현하기 묻고 대답하기	이건/그건/저건 N이/가 아니에요	뭐예요?
3	한국어 책을 읽어요	동작 표현하기 장소에서 하는 일 말하기	N을/를 V-아요/어요 N에서 N도	N을/를 배우다 N을/를 가르치다 어디
4	어디에 가요?	부정문으로 말하기	N에 가다, N에 오다 안 V	N을/를 사다 N을/를 만나다 그리고
5	무슨 계절을 좋아해요?	날씨 표현하기 불규칙 용언으로 표현하기	N이/가 무슨 N 'ㅂ' 불규칙	N을/를 좋아하다 N을/를 싫어하다 N이/가 어때요?
6	공원에서 제니퍼 씨를 만납니다	격식체로 표현하기	S-고 S (나열) N입니다, N입니까? N이/가 아닙니다 A/V-(스)ㅂ니다 A/V-(스)ㅂ니까?	재미있다 재미없다 기분이 좋다 아주 N-들
7	매점이 어디에 있어요?	위치 표현하기	N에 있다, N에 없다 N와/과, N하고 N에는 N의	여기, 거기, 저기
8	생일이 언제예요?	날짜 표현 익히기 요일 이름 알기	몇 N N에 (시간, 날짜) N와/과 같이, N하고 같이 N와/과 함께, N하고 함께	언제 이번 N 요일
9	태권도 수업은 몇 시에 시작해요?	시간 말하기 하루 일과 말하기	시, 분 S-고 S (순차) N부터 N까지	N에 시작하다 N에 끝나다 그렇지만 아침, 점심, 저녁
10	동생은 등산을 좋아하지 않습니다	과거시제 표현하기 부정문 표현하기	S-지만 S A/V-지 않다 A/V-았/었-	N이/가 좋다 매주, 매월, 매년 N-님 뭘 = 무엇을
11	우리 가족은 모두 다섯 명입니다	가족 소개하기 경어법으로 표현하기	N에게, N께 V-(으)시-, N(이)시- 누구 V-(으)세요, N(이)세요	우리 N N에 계시다 그래서 드리다 주다, 주시다 이 N, 그 N, 저 N 이분, 그분, 저분

과	제목	기능	문법	표현
12	외국어를 할 수 있어요?	가능 표현 익히기 이유 말하기 불규칙 용언으로 표현하기	V-(으)ㄹ 수 있다/없다 못 V	N(한국어, 영어, 중국어) 을/를 하다 한테 = 에게 물론이다
			S-아서/어서 S (이유) '으' 탈락	너무 요즘 = 요즈음 피곤하다
13	사진을 찍을 거예요	계획 말하기 여행 감상(경험) 이야기하기	V-(으)ㄹ 거예요 V-(으)ㄹ 겁니다 (미래)	정말이에요? 처음
			S-아서/어서 S (순차)	N을/를 구경하다 N이/가 넓다 N에게/께/에 보내다
14	잠깐 쉴까요?	제안하기 제안에 응하기	V-(으)ㄹ까요? (제안) V-(으)ㅂ시다	좀 = 조금 잠깐 그러면 = 그럼
			V-아요/어요 (청유) N도 A/V-고 N도 A/V	시간이 있다 시간이 없다 빨리
15	공책 한 권에 얼마예요?	물건 사기 희망 표현하기 이유 말하기	N에 (단위) V-(으)세요 V-(으)십시오 (명령)	어서 오세요 얼마예요?
			V-고 싶다 S-(으)니까 S	N 근처(에)
16	부모님이 일본에서 오세요	교통수단 물어보기 시간표현(목적지까지 시간이 얼마나 걸리는지 묻고 답하기)	N에서 오다	N을/를 타다
			N에서 N까지 N(으)로 (교통수단)	얼마나 걸리다 쯤 왜 그래요?
17	버스를 타고 가려고 합니다	의도를 나타내는 표현하기 방향 표현하기 도움 요청하기	N(으)로 (방향) V-(으)려고 하다 (의도)	번 N을/를 타고 가다 N을/를 타고 오다 기다리다
			V-아/어 주세요	어떻게 가요? 죄송하다 좀 (부탁) 천천히
18	커피를 마시지 마세요	증상 말하기 부정 명령문 표현하기 의무 표현 말하기	V-지 마세요, V-지 마십시오	어떻게 오셨어요? 괜찮다
			V-아야/어야 하다 N은/는 (대조)	N에 - 번 식사(를) 하다
19	시간이 있으면 같이 가요	추측해서 말하기 스포츠 센터 운동 시간 알아보기	S-(으)면 S	그런데 왜요? 혼자
			A/V-(으)ㄹ 거예요 (추측)	다시 초급/중급/고급 어느 아마
20	요리 책을 보고 있어요	동작의 진행 표현하기 불규칙 용언으로 표현하기	V-고 있다	N을/를 초대하다 N을/를 준비하다 꼭
			V-(으)면서, 'ㄷ' 불규칙	참

Korean Alive Beginner Ⅰ

살아있는 한국어 Ⅰ

계명대학교 한국어학당
Korean Language and Culture Center
Keimyung University

LEVEL 1

contents

준비 1

한글 자모 I

1. 자음 (Consonants)

홑자음	ㄱ	ㄴ	ㄷ	ㄹ	ㅁ	ㅂ	ㅅ
	ㅇ	ㅈ	ㅊ	ㅋ	ㅌ	ㅍ	ㅎ

쌍자음	ㄲ	ㄸ	ㅃ	ㅆ	ㅉ

2. 모음 (Vowels)

단모음	ㅏ	ㅓ	ㅗ	ㅜ	ㅡ	ㅣ	ㅔ	ㅐ	ㅚ	ㅟ

이중 모음	ㅑ	ㅕ	ㅛ	ㅠ			ㅖ	ㅒ		
	ㅘ	ㅝ					ㅞ	ㅙ		
						ㅢ				

연습 1

ㄱ	
ㄴ	
ㄷ	
ㄹ	
ㅁ	
ㅂ	
ㅅ	
ㅇ	
ㅈ	
ㅊ	

ㅋ	
ㅌ	
ㅍ	
ㅎ	
ㄲ	
ㄸ	
ㅃ	
ㅆ	
ㅉ	

ㄱ							
ㄲ							
ㅋ							

ㄷ							
ㄸ							
ㅌ							

ㅂ							
ㅃ							
ㅍ							

ㅈ							
ㅉ							
ㅊ							

ㅅ							
ㅆ							

ㅎ							

ㄴ							
ㅁ							
ㅇ							

ㄹ							

연습 2

ㅏ	
ㅓ	
ㅗ	
ㅜ	
ㅡ	
ㅣ	
ㅔ	
ㅐ	
ㅚ	
ㅟ	
ㅑ	

ㅕ	
ㅛ	
ㅠ	
ㅖ	
ㅒ	
ㅘ	
ㅝ	
ㅢ	
ㅞ	
ㅙ	

ㅣ+ㅏ=ㅑ	ㅑ						
ㅣ+ㅓ=ㅕ	ㅕ						
ㅣ+ㅗ=ㅛ	ㅛ						
ㅣ+ㅜ=ㅠ	ㅠ						
ㅣ+ㅔ=ㅖ	ㅖ						
ㅣ+ㅐ=ㅒ	ㅒ						
ㅗ+ㅏ=ㅘ	ㅘ						
ㅜ+ㅓ=ㅝ	ㅝ						
ㅡ+ㅣ=ㅢ	ㅢ						
ㅜ+ㅔ=ㅞ	ㅞ						
ㅗ+ㅐ=ㅙ	ㅙ						

연습 3

V 아 이

아								
야								
어								
여								
이								
에								
애								
예								
얘								

V 오 우

오							
요							
우							
유							
으							

CV ㄱㅏ ㄴㅏ

ㄱ + ㅏ = 가	가						
ㄴ + ㅑ = 냐	냐						
ㄴ + ㅓ = 너	너						
ㅂ + ㅕ = 벼	벼						
ㅅ + ㅣ = 시	시						

C	ㄱ	ㅁ
V	ㅗ	ㅜ

ㄱ + ㅗ = 고	고						
ㅍ + ㅛ = 표	표						
ㄱ + ㅜ = 구	구						
ㄹ + ㅠ = 류	류						
ㅅ + ㅡ = 스	스						

V	이	아
C	ㅂ	ㄴ

아 + ㄴ = 안	안						
야 + ㅇ = 양	양						
어 + ㅁ = 엄	엄						
여 + ㅇ = 영	영						
이 + ㅂ = 입	입						

V	요	우
C	ㅇ	ㄴ

오 + ㄴ = 온	온						
요 + ㅇ = 용	용						
우 + ㄹ = 울	울						
유 + ㅇ = 융	융						
으 + ㄴ = 은	은						

C	ㄱ	ㅁ
V	ㅗ	ㅜ
C	ㅁ	ㄹ

ㄱ + ㅗ + ㅇ = 공	공					
ㅅ + ㅗ + ㄴ = 손	손					
ㄱ + ㅜ + ㄱ = 국	국					
ㄴ + ㅜ + ㄴ = 눈	눈					
ㅅ + ㅡ + ㄹ = 슬	슬					

CV C	집	산

ㄱ + ㅏ + ㅇ = 강	강					
ㄱ + ㅑ + ㄹ = 걀	걀					
ㅂ + ㅓ + ㅁ = 범	범					
ㅍ + ㅕ + ㄴ = 편	편					
ㄴ + ㅣ + ㅁ = 님	님					

연습 4

모음 / 자음	ㅑ	ㅕ	ㅛ	ㅠ	ㅔ	ㅒ	ㅘ	ㅝ	ㅢ	ㅞ	ㅙ
ㄱ											
ㄴ											
ㄷ											
ㄹ											
ㅁ											
ㅂ											
ㅅ											
ㅇ											
ㅈ											
ㅊ											
ㅋ											
ㅌ											
ㅍ											
ㅎ											
ㄲ											
ㄸ											
ㅃ											
ㅆ											
ㅉ											

연습 5

ㄱ

고기

구두

기차

ㄴ

나비

노래

누나

ㄷ

다리

대나무

두더지

ㄹ

라디오

로마

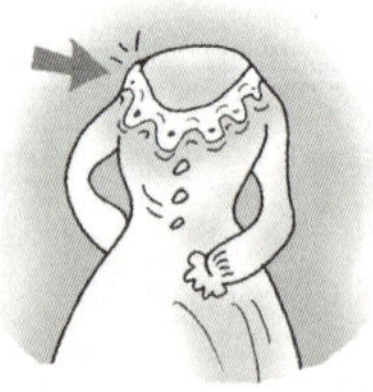

레이스

ㅁ

모기

머리

마차

ㅂ

바나나

버스

부채

ㅅ

사과

스파게티

시계

ㅈ

주스

조개

지우개

ㅊ

차

채소

치즈

ㅋ

카메라

커피

크리스마스

ㅌ

타조

토마토

티셔츠

ㅍ

파도

포도

피아노

ㅎ

하마

호수

허리

한글 자모 Ⅱ

받침

ꕥ ㄱ, ㅋ, ㄲ [k]

수학	부엌	밖

ꕥ ㄴ [n]

산	눈	돈

ꕥ ㄷ, ㅅ, ㅈ, ㅊ, ㅌ [t]

돋보기	옷	낮

꽃	빗	밭

ꕥ ㄹ [l]

말	달	불

ꕥ ㅁ [m]

곰	김치	이름

ꕥ ㅂ, ㅍ [p]

입	집	잎

ꕥ ㅇ [ŋ]

가방	공	강

연습 6

김밥

뉴욕

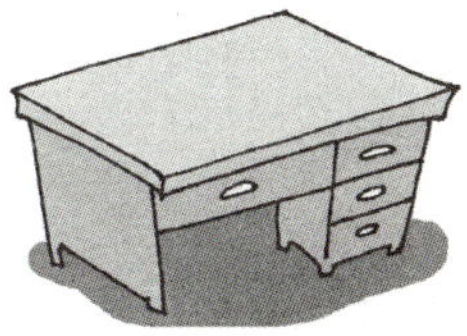
책상

골프

연필

사전

바이올린

런던

햄버거

사탕

콜라

전기밥솥

우산

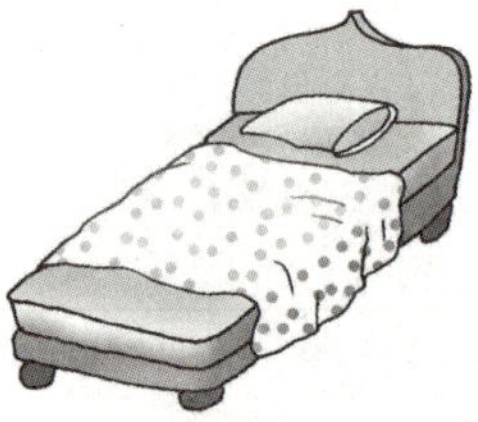
침대

레스토랑

컴퓨터

펭귄

선생님

비행기

딸기

책

볼링

공책

아이스크림

연습 7

오디오	고기	구두	나이	다리
소리	모자	바지	부자	머리
배	오리	우리	지도	어머니
치마	카드	코	개	타조
캐나다	파리	포도	게	호수
꼬리	띠	아빠	아저씨	찌개

여행	여우	요리사	교회	유리
회사	시계	과자	화가	여기
혀	돼지	위	귀	의자

가족	사전	신문	물	영화
달	딸	바람	아침	사람
빵	은행	약국	병원	우체국
양말	안경	신발	창문	교실
이름	발	팔	점심	한국어

준비 2

Tip 교실에서 사용하는 표현들
Expressions frequently used in the classroom

■ 책을 펴세요.	Open your book.
■ 잘 들으세요.	Listen carefully.
■ 따라하세요.	Repeat after me.
■ 여기를 보세요.	Look at here.
■ 이야기해 보세요.	Say it. / Please speak.
■ 읽어 보세요.	Please read it.
■ 써 보세요.	Please write it.
■ 잘 했어요.	You did a good job.
■ 알겠어요?	Do you understand?
■ 크게 말하세요.	Please speak up.
■ 대답하세요.	Please answer.
■ 일어서세요.	Please stand up.
■ 알겠어요.	I understand.
■ 모르겠어요.	I don't understand.
■ 질문 있어요?	Do you have any questions?
■ 질문 있어요.	I have a question.
■ 질문 없어요.	I have no question.
■ 잠깐 쉬세요.	Have a short break.
■ 시작!	Go!
■ 다시!	Again!
■ 한 번 더 하세요!	Try once more.
■ 조용히 하세요.	Please be quiet.

Tip 유용한 표현들
Useful expressions

■ 안녕하세요?	Hello, How are you?
■ 감사합니다.	Thank you.
■ 고마워요.	Thank you.
■ 별말씀을요.	You're welcome.
■ 죄송합니다.	I am sorry.
■ 미안해요.	I am sorry.
■ 괜찮습니다.	It's okay.
■ 실례합니다.	Excuse me.
■ 안녕히 가세요.	Bye.
■ 안녕히 계세요.	Bye.
■ 잘 먹겠습니다.	Thank you for the meal.
■ 잘 먹었습니다.	I enjoyed the meal.
■ 또 봅시다.	See you again.
■ 또 만나요.	See you again.
■ 주말 잘 보내세요.	Have a nice weekend.
■ 어서 오세요.	Welcome.
■ 축하합니다.	Congratulations!
■ 반갑습니다.	Nice to meet you.
■ 좋아요.	It's good.

1 만나서 반가워요

I

안녕하세요?
저는 제니퍼예요.
저는 미국 사람이에요.
만나서 반가워요.

안녕하세요?
저는 왕단이에요.
저는 중국 사람이에요.
만나서 반가워요.

단어와 표현

안녕하세요	저	은/는	미국
사람	만나서 반가워요	중국	

조금 더 공부해요

※ 나라

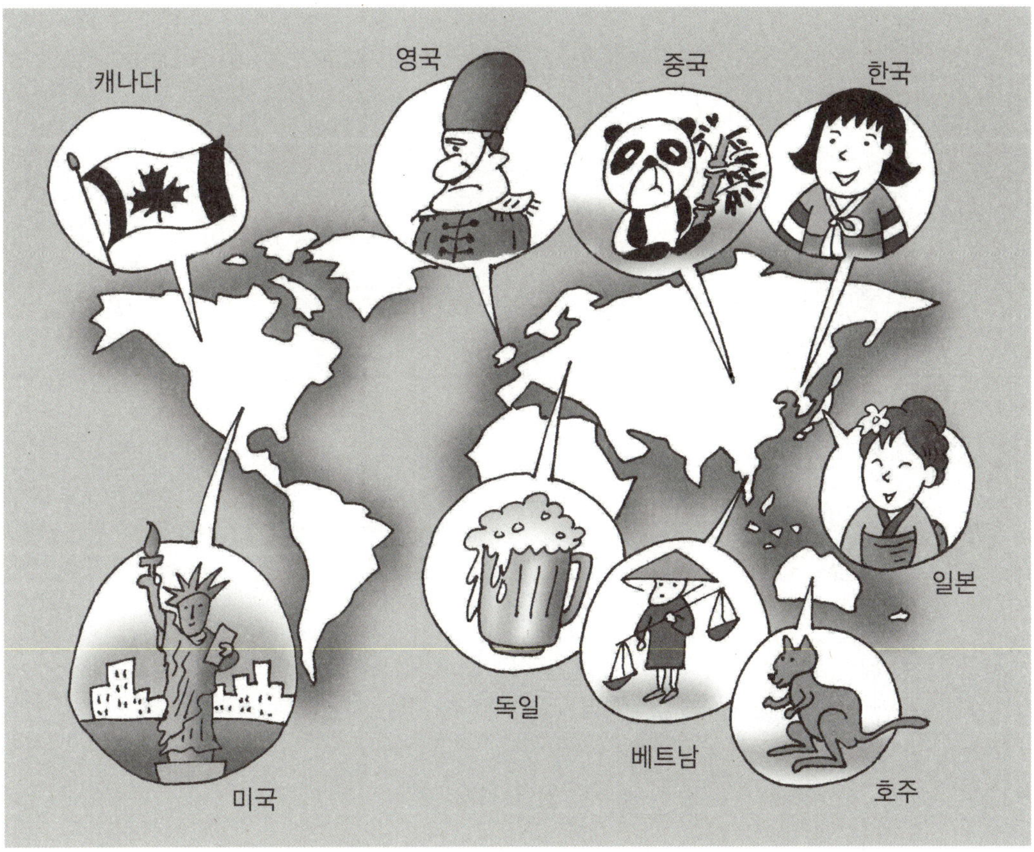

문법 1 N예요/이에요

- 팀이에요.
- 제니퍼예요.
- 한국 사람이에요.

문법 2 N은/는

- 저는 티누예요.
- 왕단은 중국 사람이에요.
- 아사코는 일본 사람이에요.

연 습

1. 〈보기〉와 같이 쓰세요.

보기

저는 한국 사람이에요.

1) 

저____________________________________.

2) 

팀____________________________________.

3) 

제니퍼________________________________.

4) 

투이__________________________________.

함께 해요

안녕하세요?

안녕하세요?

만나서 반가워요.

만나서 반가워요.

안녕히 계세요.

안녕히 가세요.

고맙습니다.
별말씀을요.

죄송합니다.
괜찮아요.

II

제니퍼 안녕하세요? 저는 제니퍼예요.

소 영 안녕하세요? 저는 소영이에요.
제니퍼 씨는 학생이에요?

제니퍼 아니요, 저는 회사원이에요.
소영 씨는 학생이에요?

소 영 네, 저는 학생이에요.

대답하세요

1. 제니퍼 씨는 회사원이에요?
2. 소영 씨는 학생이에요?

단어와 표현

씨	학생	아니요	회사원
네	선생님		

◉ 네

- 아사코 씨는 학생이에요?
  - 네, 학생이에요.
- 왕단 씨는 중국 사람이에요?
  - 네, 중국 사람이에요.
-

◉ 아니요

- 상우 씨는 선생님이에요?
  - 아니요, 학생이에요.
- 제니퍼 씨는 학생이에요?
  - 아니요, 회사원이에요.
-

조금 더 공부해요

직업

의사

가수

경찰

간호사

요리사

회사원

문법 N예요?/이에요?

- 소영 씨는 요리사예요?
  – 네, 저는 요리사예요.
- 상우 씨는 선생님이에요?
  – 아니요, 저는 경찰이에요.
- 한국 사람이에요?
  – 아니요, 저는 일본 사람이에요.

연 습

1. 〈보기〉와 같이 쓰세요.

요리사

보기

가 : 소영 씨는 요리사예요?

나 : 네, 요리사예요.

1) 
경찰

가 : 팀 씨는 경찰이에요?

나 : 네, ______________________.

2) 
가수

가 : 상우 씨는 학생이에요?

나 : 아니요, ______________________.

3) 
의사

가 : 왕단 씨는 의사예요?

나 : 네, ______________________.

4) 
회사원

가 : 티누 씨는 간호사예요?

나 : 아니요, ______________________.

종합연습

1. 〈보기〉와 같이 쓰세요.

> **보기**
>
> 가 : 왕단 씨는 (요리사) 요리사예요?
>
> 나 : 네, 저는 요리사예요.

1) 가 : 소영 씨는 (학생) ______________________?

   나 : 네, 저는 ______________________.

2) 가 : 제니퍼 씨는 (간호사) ______________________?

   나 : 네, 저는 ______________________.

3) 가 : 상우 씨는 (선생님) ______________________?

   나 : 아니요, 저는 (회사원) ______________________.

4) 가 : 투이 씨는 (경찰) ______________________?

   나 : 아니요, (가수) ______________________.

2. 잘 듣고 그림과 연결하세요.

1) 

2) 

- 의사
- 경찰
- 일본 사람
- 캐나다 사람

3. 아래 그림을 보고 빈칸을 완성하세요.

이름 : 왕단
나라 : 중국
직업 : 학생

안녕하세요?
저는 왕단이에요.
저는 중국 사람이에요.
저는 학생이에요.
만나서 반가워요.

이름 : 아사코
나라 : 일본
직업 : 회사원

안녕하세요?
저는 ____________ 예요/이에요.
저는 ____________ 예요/이에요.
저는 ____________ 예요/이에요.
만나서 반가워요.

왕 단 안녕하세요? 저는 ________________. 만나서 반가워요.

아사코 안녕하세요? 저는 ________________. 만나서 반가워요.
왕단 씨는 중국 사람이에요?

왕 단 네, 저는 ________________.
아사코 씨는 일본 사람이에요?

4. 다음 문장을 따라 써 보세요.

안	녕	하	세	요	?						

저는 미국 사람이에요.

만나서 반가워요.

저는 회사원이에요.

소영 씨는 학생이에요?

네, 저는 학생이에요.

2 이건 뭐예요?

I

왕 단 이건 뭐예요?
제니퍼 칠판이에요.
왕 단 저건 뭐예요?
제니퍼 지우개예요.
왕 단 그건 연필이에요?
제니퍼 아니요, 볼펜이에요.

단어와 표현

이거(=이것)	뭐(=무엇)	칠판	저거(=저것)
지우개	그거(=그것)	연필	볼펜
책상			

◉ 뭐예요?

- 이건 뭐예요?
  - 연필이에요.
- 저건 뭐예요?
  - 책상이에요.
-

조금 더 공부해요

❀ 교실

문법 이건, 그건, 저건

이건	그건	저건
이것은	그것은	저것은

- 이건 뭐예요?
  - 의자예요.
- 그건 칠판이에요?
  - 네, 칠판이에요.
- 저건 창문이에요?
  - 아니요, 문이에요.

연 습

1. 〈보기〉와 같이 쓰세요.

컴퓨터

보기

가 : 이건 뭐예요?

나 : 컴퓨터예요.

1) 

가방

가 : 저건 뭐예요?

나 : ______________________.

2) 

사전

가 : 이건 뭐예요?

나 : ______________________.

3) 

지우개

가 : 그건 뭐예요?

나 : ______________________.

4) 

책상

가 : 이건 ____________________?

나 : ______________________.

2. 〈보기〉와 같이 쓰세요.

보기

가 : 이건 뭐예요?

나 : 그건 문이에요.

1) 

가 : ________________ 뭐예요?

나 : ______________________________.

2) 

가 : ________________ 뭐예요?

나 : ______________________________.

3) 

가 : ________________ 의자예요?

나 : ______________________________.

4) 

가 : ________________ 사전이에요?

나 : ______________________________.

5) 

가 : ________________ 창문이에요?

나 : ______________________________.

II

아 사 코 아주머니, 이건 사과예요?

아주머니 네, 사과예요.

아 사 코 저건 주스예요?

아주머니 아니요, 주스가 아니에요.
우유예요.

단어와 표현

아주머니   사과   주스   우유

조금 더 공부해요

음료수

주스

우유

커피

물

콜라

녹차

과일

사과

바나나

오렌지

문법 N이/가 아니에요

- 이건 사과예요?
  – 아니요, 사과가 아니에요.
- 그건 오렌지예요?
  – 아니요, 오렌지가 아니에요.
- 저건 물이에요?
  – 아니요, 물이 아니에요. 콜라예요

연 습

1. 〈보기〉와 같이 쓰세요.

보기

사과가 아니에요. 오렌지예요.

1) 

물______________________________.

2) 

커피______________________________.

3) 

책상______________________________.

4) 

의사______________________________.

2. 〈보기〉와 같이 쓰세요.

보기

가 : 이건 주스예요?

나 : 아니요. 주스가 아니에요. 커피예요.

1) 

가 : 그건 사과예요?

나 : 아니요, ________________________.

2) 

가 : 저건 콜라예요?

나 : 아니요, ________________________.

3) 

가 : 그건 공책이에요?

나 : 아니요, ________________________.

4) 

가 : 저건 오렌지예요?

나 : 아니요, ________________________.

5) 

가 : 왕단 씨는 회사원이에요?

나 : 아니요, ________________________.

6) 

가 : 소영 씨는 간호사예요?

나 : 아니요, ________________________.

종합연습

1. 잘 듣고 맞는 것을 골라 O하세요.

1) ①  ②  ③ 

2) ①  ②  ③ 

3) ①  ②  ③ 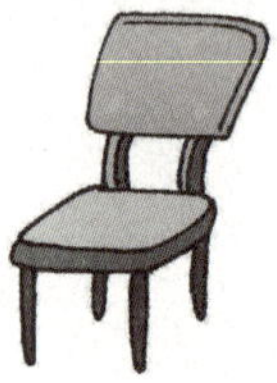

2. 받아쓰기

1) ______________________________

2) ______________________________

3) ______________________________

4) ______________________________

5) ______________________________

3. 다음 문장을 따라 써 보세요.

이	건		뭐	예	요	?					
그	건		연	필	이	에	요	.			
물	이		아	니	에	요	.				
오	렌	지	가		아	니	에	요	.		
아	니	요	,	책	이		아	니	에	요	.
볼	펜	이	에	요	.						

3 한국어 책을 읽어요

I

투이 왕단 씨, 지금 무엇을 해요?

왕단 밥을 먹어요.
투이 씨는 무엇을 해요?

투이 한국어 책을 읽어요.

왕단 소영 씨는 무엇을 해요?

투이 텔레비전을 봐요.

대답하세요

1. 왕단 씨는 지금 무엇을 해요?
2. 소영 씨는 텔레비전을 봐요?
3. 투이 씨는 무엇을 해요?

단어와 표현

지금	을/를	하다	밥
먹다	한국어	읽다	텔레비전
보다	가다	마시다	공부하다

조금 더 공부해요

❀ 동사 I

보다

먹다

읽다

마시다

공부(를) 하다

운동(을) 하다

목욕(을) 하다

전화(를) 하다

일(을) 하다

문법 N을/를 V-아요/어요

		V-아요/어요/해요
ㅏ, ㅗ	-아요	가 다 : 가 + 아요 = 가요
		보 다 : 보 + 아요 = 봐요
ㅓ, ㅜ, ㅣ ……	-어요	먹 다 : 먹 + 어요 = 먹어요
		읽 다 : 읽 + 어요 = 읽어요
		마시다 : 마시 + 어요 = 마셔요
-하다	-해요	공부하다 = 공부해요

• 지금 무엇을 해요?
  – 책을 읽어요.
• 상우 씨는 무엇을 해요?
  – 운동을 해요.
• 왕단 씨, 지금 우유를 마셔요?
  – 네, 지금 우유를 마셔요.

연 습

1. 〈보기〉와 같이 쓰세요.

보기

공부해요.

1)

2)

3)

4)

2. 〈보기〉와 같이 쓰세요.

보기

가 : 지금 무엇을 해요?

나 : 텔레비전을 봐요.

1) 

가 : 지금 무엇을 해요?

나 : ____________________.

2) 

가 : 지금 무엇을 해요?

나 : ____________________.

3) 

가 : 지금 무엇을 해요?

나 : ____________________.

4) 

가 : 지금 무엇을 해요?

나 : ____________________.

함께 해요

♣ 아래 표에서 단어를 찾아 써 보세요.

한	칠	학	다	오
국	팔	생	사	구
어	텔	레	비	전
단	이	회	사	원

한국어

____

____

LEVEL1 3과 한국어 책을 읽어요

II

팀	왕단 씨는 한국에서 무엇을 해요?
왕 단	저는 한국어를 배워요. 팀 씨도 한국어를 배워요?
팀	네, 저도 한국어를 배워요. 아사코 씨는 한국에서 무엇을 해요?
아사코	저는 일본어를 가르쳐요.
팀	어디에서 일본어를 가르쳐요?
아사코	대학교에서 가르쳐요.

대답하세요

1. 왕단 씨는 한국에서 무엇을 해요?
2. 팀 씨는 한국어를 배워요?
3. 아사코 씨는 어디에서 일본어를 가르쳐요?

단어와 표현

에서	배우다	도	일본어
가르치다	어디	대학교	영어
중국어	식당	화장실	

◉ N을/를 배우다

- 저는 영어를 배워요.
- 왕단 씨는 한국어를 배워요.
-

◉ N을/를 가르치다

- 저는 중국어를 가르쳐요.
- 아사코 씨는 일본어를 가르쳐요.
-

◉ 어디

- 어디예요?
  – 식당이에요.
- 어디예요?
  – 화장실이에요.
-

조금 더 공부해요

❀ 장소 I

학교

식당

도서관

서점

커피숍

기숙사

교실

집

문법 1 N에서

- 팀 씨는 집에서 텔레비전을 봐요.
- 저는 대학교에서 한국어를 배워요.
- 어디에서 영어를 가르쳐요?
  – 학교에서 영어를 가르쳐요.

연 습

1. 〈보기〉와 같이 쓰세요.

보기

가 : 왕단 씨는 어디에서 밥을 먹어요?

나 : 식당에서 밥을 먹어요.

1) 

가 : 팀 씨는 어디에서 텔레비전을 봐요?

나 : ______________________________.

2) 

가 : 투이 씨는 어디에서 커피를 마셔요?

나 : ______________________________.

3) 

가 : 상우 씨는 어디에서 책을 읽어요?

나 : ______________________________.

4) 

가 : 아사코 씨는 어디에서 한국어를 공부해요?

나 : ______________________________.

문법 2 N도

- 팀 씨는 학생이에요. 소영 씨도 학생이에요.
- 제니퍼 씨는 밥을 먹어요. 왕단 씨도 밥을 먹어요.
- 투이 씨는 일본어를 공부해요. 상우 씨도 일본어를 공부해요.

연 습

1. 〈보기〉와 같이 쓰세요.

보기
가 : 소영 씨는 무엇을 해요?
나 : 학교에서 영어를 공부해요.
가 : 상우 씨도 영어를 공부해요?
나 : 네, 상우 씨도 영어를 공부해요.

1) 가 : 왕단 씨는 무엇을 해요?
나 : 집에서 텔레비전을 봐요.
가 : 소영 씨____________________?
나 : 네, ____________________.

2) 가 : 아사코 씨는 무엇을 해요?
나 : 도서관에서 책을 읽어요.
가 : 팀 씨____________________?
나 : 네, ____________________.

3) 가 : 상우 씨는 무엇을 해요?
나 : 집에서 운동을 해요.
가 : 소영 씨____________________?
나 : 네, ____________________.

4) 가 : 제니퍼 씨는 무엇을 해요?
나 : 커피숍에서 커피를 마셔요.
가 : 투이 씨____________________?
나 : 네, ____________________.

종합연습

1. 그림을 보고 문장을 만드세요.

1) 

2) 

3) 

4) 

5) 

6) 

7) 

8) 

1) 상우 씨는 식당에서 밥을 먹어요.

2) ______

3) ______

4) ______

5) ______

6) ______

7) ______

8) ______

2. 잘 듣고 맞으면 O, 틀리면 ×하세요.

1) 제니퍼 씨는 기숙사에서 책을 읽어요. (　　)
2) 왕단 씨는 집에서 운동을 해요. (　　)
3) 아사코 씨는 커피숍에서 커피를 마셔요. (　　)
4) 팀 씨는 기숙사에서 텔레비전을 봐요. (　　)

3. 〈보기〉와 같이 단어를 찾아 문장을 만들어 보세요.

도서관, 커피숍, 식당, 집, 교실, 학교	밥 책, 텔레비전, 콜라, 커피, 한국어, 일본어	읽다, 보다, 공부하다, 마시다, 가르치다, 먹다, 배우다,

보기

식당에서 밥을 먹어요.

1) ____________________

2) ____________________

3) ____________________

4) ____________________

5) ____________________

4. 친구와 같이 이야기해 보세요.

1) 〈보기〉처럼 이야기해 보세요.

보기

가 : 어디에서 책을 읽어요?

나 : 도서관에서 책을 읽어요.

1. 

가 : 어디에서 ______________________?

나 : ______________________.

2. 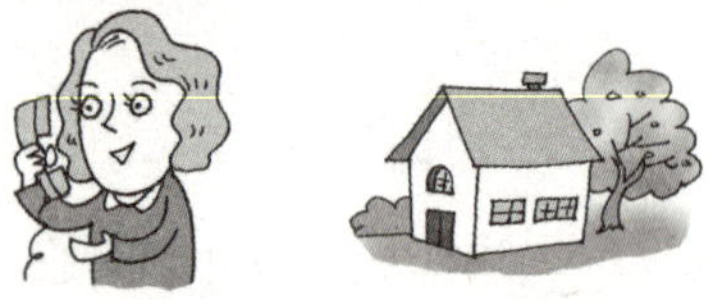

가 : 어디에서 ______________________?

나 : ______________________.

3. 

가 : 어디에서 ______________________?

나 : ______________________.

2) 〈보기〉처럼 이야기해 보세요.

보기

가 : 투이 씨, 도서관에서 책을 읽어요? (교실/책/읽다)

나 : 아니요, 교실에서 책을 읽어요.

1. 가 : 집에서 텔레비전을 봐요? (식당/밥/먹다)

   나 : 아니요, ______________________.

2. 가 : 학교에서 한국어를 가르쳐요? (회사/일하다)

   나 : 아니요, ______________________.

3. 가 : 지금 무엇을 해요? (기숙사/목욕하다)

   나 : ______________________.

4. 가 : 지금 무엇을 해요?

   나 : ______________________.

읽기

♣ 다음 글을 읽고 질문에 대답하세요.

저는 아사코예요.
일본 사람이에요.
대학교에서
일본어를 가르쳐요.

저는 왕단이에요.
중국 사람이에요.
대학생이에요.
대학교에서
한국어를 공부해요.

안녕하세요?
저는 팀이에요.
미국 사람이에요.
한국 회사에서 일해요.
저는 지금 교실에서
한국어를 배워요.

저는 투이예요.
베트남 사람이에요.
저도 대학생이에요.
대학교에서 영어를
공부해요.

1. 써 보세요.

이름	나라	어디에서	무엇을 해요?
팀	미국 사람	한국 회사에서	일해요
아사코			
왕단			
투이			

2. 여러분의 반 친구를 소개해 보세요.

대학생 회사

4 어디에 가요?

I

왕단 투이 씨, 어디에 가요?

투이 서점에 가요. 서점에서 책을 사요.
왕단 씨는 어디에 가요?

왕단 저는 백화점에 가요.

투이 백화점에서 뭐 해요?

왕단 백화점에서 소영 씨를 만나요.

대답하세요

1. 투이 씨는 어디에 가요?
2. 왕단 씨는 백화점에서 무엇을 해요?

단어와 표현

에	사다	백화점	만나다
시장	귤	카메라	슈퍼마켓
빵	아이스크림	시내	오다

◉ N을/를 사다

- 시장에서 귤을 사요.
- 상우 씨는 백화점에서 카메라를 사요.
- 슈퍼마켓에서 무엇을 사요?
  - 빵을 사요. 아이스크림도 사요.
-

◉ N을/를 만나다

- 소영 씨는 팀 씨를 만나요.
- 저는 학교에서 선생님을 만나요.
- 제니퍼 씨는 시내에서 왕단 씨를 만나요?
  - 네, 왕단 씨를 만나요.
-

조금 더 공부해요

❀ 장소 II

백화점

운동장

은행

우체국

영화관

공원

시장

화장실

문법 N에 가다, N에 오다

- 팀 씨는 은행에 가요.
- 소영 씨, 어디에 가요?
  - 영화관에 가요.
- 상우 씨는 학교에 와요?
  - 네, 학교에 와요.

연습

1. 〈보기〉와 같이 쓰세요.

보기

아사코 씨는 학교에 가요.

1)

팀 씨는 ______________________.

2)

제니퍼 씨는 ______________________.

3)

상우 씨는 ______________________.

4)

투이 씨는 ______________________.

2. 〈보기〉와 같이 쓰세요.

보기

가 : 어디에 가요?

나 : 백화점에 가요.

1)

가 : 어디에 가요?

나 : ______________________.

2)

가 : 어디에 가요?

나 : ______________________.

3)

가 : 어디에 가요?

나 : ______________________.

4)

가 : 어디에 가요?

나 : ______________________.

5)

가 : 어디에 가요?

나 : ______________________.

6)

가 : 어디에 가요?

나 : ______________________.

II

소영 왕단 씨, 백화점에서 무엇을 사요?

왕단 저는 구두를 사요.
소영 씨도 구두를 사요?

소영 아니요, 저는 구두를 안 사요. 가방을 사요.
그리고 모자를 사요.

대답하세요

1. 왕단 씨는 무엇을 사요?
2. 소영 씨는 구두를 사요?

단어와 표현

구두	안	그리고	모자
오늘	친구	영화	병원

◉ 그리고

- 빵을 먹어요. 그리고 우유를 마셔요.
- 친구를 만나요. 그리고 영화를 봐요.
- 투이 씨, 오늘 무엇을 해요?
  – 병원에 가요. 그리고 학교에 가요.
-

조금 더 공부해요

❀ 물건

문법 안 V

- 밥을 안 먹어요.
- 책을 안 읽어요.
- 투이 씨는 운동을 해요?
  – 아니요, 운동을 안 해요.

연습

1. 〈보기〉와 같이 쓰세요.

보기

가 : 학교에 가요?
나 : 아니요, 학교에 안 가요.

1)

가 : 콜라를 마셔요?
나 : 아니요, ______________________.

2)

가 : 집에서 운동을 해요?
나 : 아니요, ______________________.

3)

가 : 텔레비전을 봐요?
나 : 아니요, ______________________.

4)

가 : 빵을 사요?
나 : 아니요, ______________________.

함께 해요

♣ 어디에 가요?

1. 티누 씨는 ______________.

2. 상우 씨는 ______________.

3. 아사코 씨는 ______________.

4. 팀 씨는 ______________.

종합연습

1.

에	에서	을	를

1) 투이 씨는 학교____ 가요.

2) 상우 씨는 텔레비전____ 봐요.

3) 식당____ 무엇____ 먹어요?

4) 어디____ 책____ 읽어요?

5) 제니퍼 씨는 주스____ 안 마셔요.

2. 〈보기〉와 같이 쓰세요.

보기

아사코 씨, 를, 도서관, 한국어, 는, 공부해요, 에서

⇒ 아사코 씨는 도서관에서 한국어를 공부해요.

1) 은행, 에 , 가요, 제니퍼 씨, 안, 는

⇒ ________________________________.

2) 시장, 바나나, 를, 사요, 에서

⇒ ________________________________.

3) 팀 씨, 해요?, 무엇을, 지금, 는

⇒ ________________________________.

4) 텔레비전, 왕단 씨, 집, 을, 에서, 봐요, 는

⇒ ________________________________.

3. 잘 듣고 맞으면 ○, 틀리면 ×하세요.

1) 제니퍼 씨는 도서관에 가요. (   )

2) 제니퍼 씨는 친구를 만나요. (   )

3) 제니퍼 씨는 커피를 안 마셔요. (   )

4. 〈보기〉와 같이 쓰세요.

보기

식	당	에	서		밥	을		먹	어	요	.

1)

도	서	관	에	서							

2)

시	장	에	서								

3)

기	숙	사	에	서							

4)

서	점	에	서								

5)

백	화	점	에	서							

5. 〈보기〉와 같이 이야기하세요.

식당, 밥, 먹다

보기

가 : 어디에 가요?

나 : 식당에 가요.

가 : 식당에서 무엇을 해요?

나 : 밥을 먹어요.

1)

도서관, 책, 읽다

가 : 어디에 가요?

나 : __________에 가요.

가 : __________에서 무엇을 해요?

나 : ______________________________.

2)

커피숍, 커피, 마시다

가 : 어디에 가요?

나 : __________에 가요.

가 : __________에서 무엇을 해요?

나 : ______________________________.

3)

운동장, 운동하다

가 : 어디에 가요?

나 : __________에 가요.

가 : __________에서 무엇을 해요?

나 : ______________________________.

4)

시장, 오렌지, 사다

가 : 어디에 가요?

나 : __________에 가요.

가 : __________에서 무엇을 해요?

나 : ______________________________.

읽기

♣ 다음 글을 읽고 질문에 대답하세요.

아사코 씨는 도서관에 가요.
팀 씨도 도서관에 가요.
아사코 씨는 도서관에서 책을 읽어요.
팀 씨는 도서관에서 책을 안 읽어요.
숙제를 해요.

제니퍼 씨는 백화점에 가요.
투이 씨도 백화점에 가요.
제니퍼 씨는 티셔츠를 사요.
그리고 바지를 사요.
투이 씨는 바지를 안 사요.
운동화를 사요.
그리고 시계를 사요.

1. 아사코 씨는 도서관에서 무엇을 해요?

2. 팀 씨는 책을 읽어요?

3. 투이 씨는 어디에 가요?

4. 제니퍼 씨는 시계를 사요?

숙제

5 무슨 계절을 좋아해요?

I

제니퍼 아사코 씨는 무슨 계절을 좋아해요?

아사코 저는 봄을 좋아해요. 날씨가 따뜻해요.
제니퍼 씨도 봄을 좋아해요?

제니퍼 네, 좋아해요.
그리고 가을도 좋아해요. 가을은 시원해요.

대답하세요

1. 아사코 씨는 봄을 좋아해요?
2. 봄은 따뜻해요?
3. 제니퍼 씨는 무슨 계절을 좋아해요?

단어와 표현

무슨	계절	좋아하다	봄
날씨	이/가	따뜻하다	가을
시원하다	싫어하다	불고기	노래
겨울	여름		

◉ N을/를 좋아하다 ↔ N을/를 싫어하다

• 제니퍼 씨는 불고기를 좋아해요.

• 왕단 씨는 한국 노래를 좋아해요.

• 투이 씨는 겨울을 좋아해요?

– 아니요, 저는 겨울을 싫어해요. 여름을 좋아해요.

•

조금 더 공부해요

※ 형용사 I

많다

비싸다

맛있다

적다

싸다

맛없다

문법 1 N이/가

• 불고기가 맛있어요.
• 사람이 많아요?
  – 네, 많아요.
• 운동화가 비싸요?
  – 아니요, 싸요.

연 습

1. 〈보기〉와 같이 쓰세요.

보기
(날씨, 따뜻하다)
날씨가 따뜻해요.

1) 
(컴퓨터, 비싸다)
______________________.

2) 
(아이스크림, 맛있다)
______________________.

3) 
(연필, 많다)
______________________.

2. 〈보기〉와 같이 쓰세요.

보기
가 : 봄이 따뜻해요?
나 : 네, 따뜻해요.

1) 가 : 오렌지가 맛있어요?
   나 : 네, ______________.

2) 가 : 가방이 비싸요?
   나 : 아니요, ______________.

3) 가 : 책이 많아요?
   나 : 아니요, ______________.

4) 가 : ______________?
   나 : 네, 시원해요.

문법 2 무슨 N

- 무슨 노래를 좋아해요?
- 무슨 과일을 좋아해요?
  - 오렌지를 좋아해요.
- 무슨 계절을 좋아해요?
  - 가을을 좋아해요.

연 습

1. 〈보기〉와 같이 쓰세요.

보기

가 : 무슨 주스를 좋아해요?

나 : 오렌지 주스를 좋아해요.

1) 

가 : ____________을/를 좋아해요?

나 : 겨울을 좋아해요.

2) 

가 : ____________을/를 좋아해요?

나 : 바나나를 좋아해요.

3) 

가 : ____________을/를 좋아해요?

나 : 한국 노래를 좋아해요.

4) 

가 : ____________을/를 좋아해요?

나 : ______________________.

Ⅱ

상　우　아사코 씨, 지금 어디예요?

아사코　서울이에요.

상　우　지금 서울은 날씨가 어때요?

아사코　추워요. 그리고 눈이 많이 와요.
대구도 눈이 와요?

상　우　아니요, 대구는 눈이 안 와요.
비가 와요.

대답하세요

1. 서울은 비가 와요?
2. 대구는 날씨가 어때요?

단어와 표현

서울	어때요?	춥다	눈
많이	대구	비	깨끗하다
좋다	입다		

◉ N이/가 어때요?

- 한국어가 어때요 ?
- 기숙사가 어때요?
  - 깨끗해요.
- 일본은 날씨가 어때요?
  - 좋아요.
-

조금 더 공부해요

※ 형용사 Ⅱ

춥다

무겁다

쉽다

덥다

가볍다

어렵다

문법 'ㅂ' 불규칙

-아요/어요		-아요/어요	
입다	입어요		
춥다	추워요	덥다	더워요
어렵다	어려워요	쉽다	쉬워요
무겁다	무거워요	가볍다	가벼워요

- 책이 무거워요.
- 오늘 날씨가 더워요.
- 한국어가 어려워요?
  - 아니요, 쉬워요.

연 습

1. 〈보기〉와 같이 쓰세요.

겨울, 춥다

보기

겨울이 추워요.

1) 
가방, 가볍다

________________________.

2) 
책상, 무겁다

________________________.

3) 
한국어, 쉽다

________________________.

4) 
날씨, 덥다

________________________.

함께 해요

♣ 친구들과 이야기해 보세요.

1. 여러분은 무엇을 좋아해요?

2. 여러분은 무엇을 싫어해요?

종합연습

1. 알맞은 단어를 쓰세요.

1) 가 : 무슨 ______________ 을/를 좋아해요?

나 : 사과를 좋아해요.

2) 가 : 무슨 ______________ 을/를 좋아해요?

나 : 여름을 좋아해요.

3) 가 : 무슨 ______________ 을/를 좋아해요?

나 : ________________________________.

2. 그림을 보고 대화를 만드세요.

1)

가 : 오늘 날씨가 어때요?

나 : ________________________________.

2)

가 : 한국어가 어때요?

나 : ________________________________.

3)

가 : 불고기가 어때요?

나 : ________________________________.

4)

가 : 학교 식당이 어때요?

나 : ________________________________.

3. 〈그림〉을 보고 반대말을 쓰세요.

1)

더워요 ↔ (　　　　　)

2)

비싸요 ↔ (　　　　　)

3)

쉬워요 ↔ (　　　　　)

4)

가벼워요 ↔ (　　　　　)

4. 잘 듣고 맞으면 O, 틀리면 ×하세요.

1) 팀 씨는 눈을 좋아해요. (　　　)

2) 투이 씨는 겨울을 안 좋아해요. (　　　)

3) 팀 씨는 여름을 좋아해요. (　　　)

5. 〈보기〉와 같이 문장을 만드세요.

가방	한국어	책상	가을	여름	봄	사과	**불고기**

싸다	덥다	따뜻하다	시원하다	**맛있다**	쉽다	무겁다

보기

불고기가 맛있어요.

1) ______________________________.

2) ______________________________.

3) ______________________________.

4) ______________________________.

5) ______________________________.

읽기

♣ 다음 글을 읽고 써 보세요.

봄이에요.
봄은 날씨가 따뜻해요.
산에 가요.

여름이에요.
여름은 날씨가 더워요.
바다에 가요.

가을이에요.
가을은 날씨가 시원해요.
과일이 맛있어요.

겨울이에요.
겨울은 날씨가 추워요.
눈사람을 만들어요.

1. 봄이에요. 여러분은 무엇을 해요?

____.

2. 여름이에요. 여러분은 무엇을 해요?

____.

3. 가을이에요. 여러분은 무엇을 해요?

____.

4. 겨울이에요. 여러분은 무엇을 해요?

____.

산	바다	눈사람	만들다

6 공원에서 제니퍼 씨를 만납니다

I

소 영 아사코 씨, 오늘 수영장에 가요?

아사코 아니요, 안 가요.

소 영 오늘 뭐 해요?

아사코 집에서 한국어 공부를 해요.

소 영 한국어 공부가 재미있어요?

아사코 네, 쉽고 재미있어요. 소영 씨는 오늘 뭐 해요?

소 영 나는 집에서 청소해요. 그리고 빨래해요.

대답하세요

1. 아사코 씨는 오늘 수영장에 가요?
2. 한국어 공부가 어때요?
3. 소영 씨는 오늘 뭐 해요?

단어와 표현

수영장	재미있다	나	청소하다
빨래하다	만화책	게임	재미없다

◉ 재미있다 ↔ 재미없다

• 영화가 재미없어요.

• 만화책이 재미있어요.

• 컴퓨터 게임이 재미없어요.

• 나는 한국어 공부가 재미있어요.

•

조금 더 공부해요

ꕥ 동사 Ⅱ

수영하다

노래하다

빨래하다

쇼핑하다

청소하다

이야기하다

문법 S-고 S

• 오늘은 비가 오고 추워요.
• 여름은 덥고 겨울은 추워요.
• 저는 시내에 가고 친구는 도서관에 가요.

연 습

1. 〈보기〉와 같이 쓰세요.

보기

가 : 사과가 어때요?
나 : (싸다, 맛있다) <u>사과가 싸고 맛있어요.</u>

1) 

가 : 겨울 날씨가 어때요?
나 : (눈이 오다, 춥다) ________________________.

2) 

가 : 여름 날씨가 어때요?
나 : (비가 오다, 덥다) ________________________.

3) 

가 : 한국어 공부가 어때요?
나 : (쉽다, 재미있다) ________________________.

4) 

가 : 학교 식당이 어때요?
나 : (싸다, 맛있다) ________________________.

2. 〈보기〉와 같이 쓰세요.

왕단

상우

보기

왕단은 텔레비전을 보고 상우는 밥을 먹어요.

1)

소영

팀

____.

2)

아사코

티누

____.

3)

제니퍼

상우

____.

4)

소영

상우

____.

5)

팀

아사코

____.

II

오늘은 날씨가 따뜻합니다.
기분이 아주 좋습니다.
저는 공원에서 제니퍼 씨를 만납니다.
우리는 사진을 찍습니다.
그리고 저는 책을 읽고 제니퍼 씨는 그림을 그립니다.
사람들은 공원에서 산책을 하고 운동을 합니다.

대답하세요

1. 어디에서 제니퍼 씨를 만납니까?
2. 사람들은 공원에서 무엇을 합니까?
3. 제니퍼 씨는 공원에서 무엇을 합니까?

단어와 표현

기분	아주	우리	사진
찍다	그림	그리다	-들
산책	아이		

◉ 기분이 좋다

• 팀 씨는 기분이 안 좋아요.

• 날씨가 시원해요. 저는 기분이 좋아요.

•

◉ 아주

• 사과가 아주 많아요.

• 불고기가 아주 맛있어요.

•

◉ N-들

• 아이들이 공원에서 운동을 해요.

• 학생들이 도서관에서 책을 읽어요.

•

조금 더 공부해요

※ 동사 Ⅲ

잠을 자다

춤을 추다

그림을 그리다

문법 1 N입니다, N입니까?, N이/가 아닙니다

- 저것은 사과입니까?
- 저는 한국 사람입니다.
- 이것은 사전입니까?
  - 아니요, 그것은 사전이 아닙니다.

연 습

1. 〈보기〉와 같이 쓰세요.

> 보기
>
> 가 : 왕단 씨는 중국 사람입니까?
>
> 나 : 네, 중국 사람입니다.

1) 가 : 이것은 책____________________?
   나 : 네, ________________________.

2) 가 : 투이 씨는 학생________________?
   나 : 네, ________________________.

3) 가 : 제니퍼 씨는 간호사______________?
   나 : 아니요, _____________________.

4) 가 : 투이 씨는 일본 사람____________?
   나 : 아니요, _____________________.

5) 가 : 상우 씨는 회사원______________?
   나 : 네, ________________________.

문법 2 A/V-(스)ㅂ니다, A/V-(스)ㅂ니까?

• 오늘은 날씨가 좋습니다.
• 상우 씨는 식당에서 밥을 먹습니다.
• 수미 씨도 숙제를 합니까?
  – 아니요, 저는 숙제를 안 합니다.

연 습

1. 〈보기〉와 같이 쓰세요.

보기
가 : 상우 씨는 학교에 갑니까? (가다)
나 : 네, 학교에 갑니다.

1) 가 : 상우 씨는 집에서 잠을 ______________? (자다)
   나 : 네, ______________.

2) 가 : 왕단 씨는 백화점에서 ______________? (쇼핑하다)
   나 : 아니요, ______________.

3) 가 : 투이 씨는 도서관에서 ______________? (책, 읽다)
   나 : 네, ______________.

4) 가 : 소영 씨는 공원에서 ______________? (사진, 찍다)
   나 : 아니요, ______________.

5) 가 : 날씨가 ______________? (덥다)
   나 : 아니요, ______________.

함께 해요

♣ 〈보기〉와 같이 이야기해 보세요.

종합연습

1. 〈보기〉와 같이 쓰세요.

상우 팀

보기

상우 씨는 책을 읽고 팀 씨는 텔레비전을 봅니다.

1) 

제니퍼 팀

______________________________.

2) 

투이 제니퍼

______________________________.

3) 

소영 상우

______________________________.

4) 

왕단 아사코

______________________________.

5) 

제니퍼 팀

______________________________.

2. 〈보기〉와 같이 쓰세요.

나 팀

보기

저는 중국 사람이고 팀 씨는 캐나다 사람입니다.

1)

제니퍼 아사코

____.

2)

왕단 소영

____.

3)

이것 저것

____.

4)

이것 그것

____.

3. 잘 듣고 대답해 보세요.

1) 제니퍼 씨는 한국에서 뭐 해요?

2) 한국어 공부는 어때요?

읽기

♣ 다음 글을 읽고 질문에 대답하세요.

저는 외국인 친구가 많습니다.
제니퍼는 미국 사람이고 왕단은 중국 사람입니다.
그리고 투이는 베트남 사람입니다.
친구들은 친절하고 재미있습니다.
우리는 이야기를 많이 합니다.
그리고 한국어 공부를 열심히 합니다.
오늘은 친구들이 집에 옵니다.
기분이 아주 좋습니다.
여러분도 외국인 친구들이 많습니까?
친구들이 어떻습니까?

1. 친구들은 무엇을 공부합니까?

2. 친구들이 어디에 옵니까?

3. 친구들이 어떻습니까?

외국인	친절하다	열심히	여러분	어떻다

7 매점이 어디에 있어요?

I

투이 실례합니다. 매점이 어디에 있어요?

학생 휴게실 안에 있어요.
휴게실은 1층에 있어요.

투이 컴퓨터실은 어디에 있어요?

학생 컴퓨터실은 2층하고 4층에 있어요.

투이 고맙습니다.

대답하세요

① 매점은 어디에 있어요?

② 2층에 무엇이 있어요?

③ 4층에 컴퓨터실이 있어요?

단어와 표현

실례하다	매점	있다	휴게실
안	층	-실	하고
고맙다	없다	와/과	

조금 더 공부해요

위치

앞

뒤

옆

위

아래

안

밖

숫자 I

1	2	3	4	5	6	7	8	9	10
일	이	삼	사	오	육	칠	팔	구	십
11	12	13	14	15	16	17	18	19	20
십일	십이	십삼	십사	십오	십육	십칠	십팔	십구	이십
…									
30	40	50	60	70	80	90	100	1,000	10,000
삼십	사십	오십	육십	칠십	팔십	구십	백	천	만

문법 1 N에 있다, N에 없다

- 매점은 1층에 있어요.
- 학생은 교실 밖에 있어요.
- 사전은 가방 안에 있어요?
  – 아니요, 사전은 가방 안에 없어요.

연 습

1. 〈보기〉와 같이 쓰세요.

보기

가 : 책은 어디에 있어요?
나 : 책상 위에 있어요.

1) 

가 : 연필은 어디에 있어요?
나 : ______________________.

2) 

가 : 가방은 어디에 있어요?
나 : ______________________.

3) 

가 : 시계는 어디에 있어요?
나 : ______________________.

4) 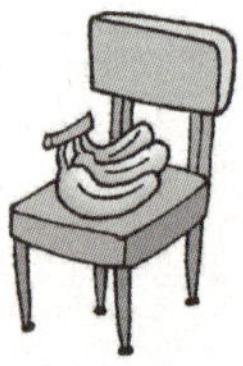

가 : 바나나는 ______________?
나 : ______________________.

5) 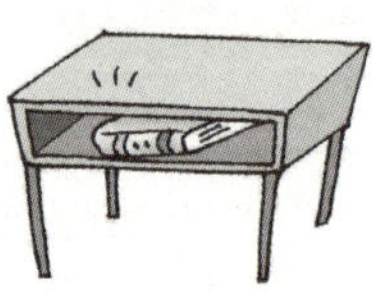

가 : ______________________?
나 : ______________________.

문법 2 N와/과, N하고

- 책상 위에 컴퓨터와 책이 있어요.
- 상우는 빵과 아이스크림을 먹어요.
- 나는 시장에서 사과하고 바나나를 사요.

연 습

1. 〈보기〉와 같이 쓰세요.

보기

가 : 무엇이 있어요?

나 : 책상과 의자가 있어요.

1) 

가 : 상우 씨는 무엇을 배워요?

나 : ______________________.

2) 

가 : 제니퍼 씨는 무엇을 마셔요?

나 : ______________________.

3) 

가 : 백화점 옆에 무엇이 있어요?

나 : ______________________.

4) 

가 : 책상 위에 무엇이 있어요?

나 : ______________________.

5) 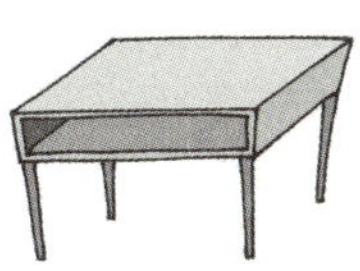

가 : 여러분의 책상 위에 무엇이 있어요?

나 : ______________________.

II

여기는 기숙사예요.
내 방은 3층에 있어요.
내 방에는 침대와 옷장이 있어요.
침대 옆에는 책상이 있어요.
옷장은 창문 옆에 있어요.
냉장고와 텔레비전은 휴게실에 있어요.

대답하세요

1. 내 방에 무엇이 있어요?
2. 침대는 어디에 있어요?
3. 냉장고와 텔레비전은 어디에 있어요?

단어와 표현

여기	내(=나의)	방	침대
옷장	냉장고	거기	저기
의	제(=저의)		

◉ 여기, 거기, 저기

• 여기는 방이에요.

• 저기는 휴게실이에요.

•

조금 더 공부해요

방 안에 무엇이 있어요?

문법 1 N에는

- 방에는 컴퓨터가 있어요.
- 은행 옆에는 커피숍이 있어요.
- 1층에 무엇이 있어요?
  - 1층에는 서점이 있어요.

연 습

1. 〈보기〉와 같이 쓰세요.

보기

가 : 의자 아래에 무엇이 있어요?

나 : 의자 아래에는 구두가 있어요.

1) 

가 : 문 옆에 무엇이 있어요?

나 : ______________________.

2) 

가 : 2층에 무엇이 있어요?

나 : ______________________.

3) 

가 : 서점 옆에 무엇이 있어요?

나 : ______________________.

4) 

가 : 교실 안에 무엇이 있어요?

나 : ______________________.

5) 

가 : 가방 안에 무엇이 있어요?

나 : ______________________.

문법 2 N의

- 이것은 제 책이에요.
- 투이 씨의 방은 3층에 있어요.
- 왕단 씨의 사전은 책상 위에 있어요.

	은/는	이/가	의	을/를
나	나는	내가	나의 (= 내)	나를
저	저는	제가	저의 (= 제)	저를

연 습

1. 〈보기〉와 같이 쓰세요.

제니퍼

보기

이것은 제니퍼 씨의 사전이에요.

1) 

왕단

______________________________.

2) 

상우

______________________________.

3) 

소영

______________________________.

4) 

팀

______________________________.

함께 해요

♣ 그림을 보고 이야기해 보세요.

보기

매점은
어디에 있어요?

매점은
1층에 있어요.

1)

_______은/는
_______에 있어요?

_______은/는
_______에 있어요.

2)

_______은/는
_______에 있어요?

네/아니요,
_______은/는
_______에 있어요.

3)

_______은/는
_______에 있어요?

네/아니요,
_______은/는
_______에 있어요.

종합연습

1. 그림을 보고 문장을 만드세요.

1) 가 : 1층에 무엇이 있어요?

나 : 1층에는 ________와/과 ________이/가 있어요.

2) 가 : 2층에는 무엇이 있어요?

나 : ____.

3) 가 : 영화관 옆에 무엇이 있어요?

나 : ____.

4) 가 : 병원은 어디에 있어요?

나 : ____.

2. 여러분의 방에 무엇이 있어요? 방을 그리고 친구와 이야기해 보세요.

3. 잘 듣고 질문에 대답하세요.

1) ①

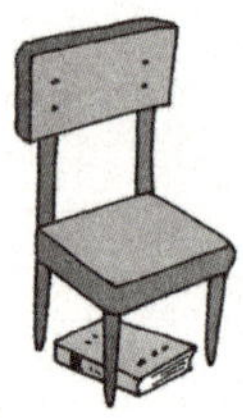

②

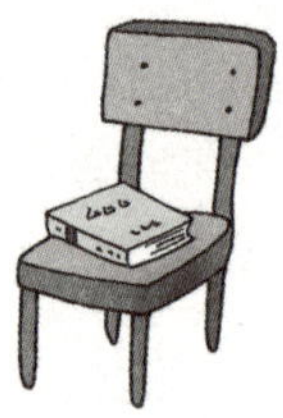

③

④

2) ① 서점 ② 식당

③ 서점과 커피숍 ④ 식당과 서점

읽기

♣ 다음 글을 읽고 질문에 대답하세요.

내 방은 기숙사 5층에 있어요.
내 방에는 침대와 책상이 있어요.
책상 위에는 컴퓨터가 있고 책이 많이 있어요.
침대 옆에는 창문이 있어요.

내 방에는 텔레비전이 없어요.
텔레비전은 제니퍼 씨 방에 있어요.
제니퍼 씨 방은 내 방 옆에 있어요.
나는 제니퍼 씨 방에서 텔레비전을 봐요.

1. 내 방은 어디에 있어요?

2. 내 방에는 무엇이 있어요?

3. 제니퍼 씨 방은 어디에 있어요?

4. 나는 제니퍼 씨 방에서 무엇을 해요?

8 생일이 언제예요?

I

상우 왕단 씨, 생일이 언제예요?

왕단 2월 28일이에요.
상우 씨는 생일이 몇 월 며칠이에요?

상우 10월 16일이에요.
한국 사람들은 생일에 미역국을 먹어요.
중국 사람들은 무엇을 먹어요?

왕단 국수를 먹어요.

대답하세요

1. 왕단 씨의 생일은 언제예요?
2. 상우 씨의 생일은 언제예요?
3. 한국 사람은 생일에 무엇을 먹어요?

단어와 표현

생일	언제	월	일
몇	며칠	미역국	국수
시험	고향		

◉ 언제

- 시험이 언제예요?
- 언제 고향에 가요?
  - 오늘 가요.
-

조금 더 공부해요

년

1990년 (천구백구십 년)	1995년 (천구백구십오 년)	2000년 (이천 년)	2005년 (이천오 년)	2010년 (이천십 년)

월

1월 (일월)	2월 (이월)	3월 (삼월)	4월 (사월)	5월 (오월)	6월 **(유월)**
7월 (칠월)	8월 (팔월)	9월 (구월)	10월 **(시월)**	11월 (십일월)	12월 (십이월)

일

1일 (일일)	2일 (이일)	3일 (삼일)	4일 (사일)	5일 (오일)	6일 (육일)	7일 (칠일)
8일 (팔일)	9일 (구일)	10일 (십일)	11일 (십일일)	12일 (십이일)	13일 (십삼일)	14일 (십사일)
15일 (십오일)	16일 (십육일)	17일 (십칠일)	18일 (십팔일)	19일 (십구일)	20일 (이십일)	21일 (이십일일)
22일 (이십이일)	23일 (이십삼일)	24일 (이십사일)	25일 (이십오일)	26일 (이십육일)	27일 (이십칠일)	28일 (이십팔일)
29일 (이십구일)	30일 (삼십일)	31일 (삼십일일)				

문법 1 몇 N

- 은행은 몇 층에 있어요?
  - 9층에 있어요.
- 오늘은 몇 월 며칠이에요?
  - 오늘은 7월 4일이에요.

연 습

1. 〈보기〉와 같이 쓰세요.

보기

가 : 오늘은 몇 월 며칠이에요?

나 : (1월 28일) 일월 이십팔일이에요.

1) 가 : 병원은 ______________________?

나 : (5층) ______________________ 있어요.

2) 가 : 영화관은 ______________________?

나 : (7층) ______________________ 있어요.

3) 가 : 커피숍은 ______________________?

나 : (1층) ______________________ 있어요.

4) 가 : 생일은 ______________________?

나 : (6월 12일) ______________________.

5) 가 : 시험은 ______________________?

나 : (10월 31일) ______________________.

문법 2 N에

- 1월에 고향에 가요.
- 생일에 무엇을 해요?
- 언제 중국에 가요?
  - 10월 15일에 가요.

연 습

1. 〈보기〉와 같이 쓰세요.

보기

가 : 언제 고향에 가요?

나 : (2월 4일) 이월 사일에 가요.

1) 가 : 언제 친구를 만나요?

   나 : (11월 28일) ____________________.

2) 가 : 언제 쇼핑을 해요?

   나 : (3월 9일) ____________________.

3) 가 : 언제 한국어를 공부해요?

   나 : (5월 10일) ____________________.

4) 가 : 언제 서울에 가요?

   나 : (10월 18일) ____________________.

5) 가 : 언제 영화를 봐요?

   나 : (6월 17일) ____________________.

II

이번 주 금요일은 제니퍼 씨의 생일이에요.
팀 씨는 금요일에 제니퍼 씨의 생일 파티에 가요.
제니퍼 씨의 집에서 친구들과 같이 생일 파티를 해요.
팀 씨는 목요일에 백화점에 가요.
백화점에서 생일 선물을 사요.

대답하세요

1. 제니퍼 씨의 생일은 언제예요?
2. 팀 씨는 금요일에 어디에 가요?
3. 팀 씨는 언제 백화점에 가요?

단어와 표현

이번	주	금요일	파티
같이	목요일	선물	주말
화요일	함께		

◉ 이번 N

- 이번 시험은 어려워요.
- 이번 주에 고향에 가요.
- 이번 주말에 바다에 가요.
-

◉ 요일

- 저는 금요일을 좋아해요.
- 오늘은 무슨 요일이에요?
  - 화요일이에요.
-

조금 더 공부해요

❀ 요일

월요일	화요일	수요일	목요일	금요일	토요일	일요일
1	2	3	4	5	6	7
8	9	10	11	12	13	14
15	16	17	18	19	20	21
22	23	24	25	26	27	28
29	30	31				

문법 N와/과 같이, N하고 같이, N와/과 함께, N하고 함께

- 저는 친구와 같이 시내에 가요.
- 상우는 투이하고 같이 영화를 봐요.
- 아사코는 왕단과 함께 밥을 먹어요.

연 습

1. 〈보기〉와 같이 쓰세요.

백화점, 쇼핑을 하다

보기

저는 소영 씨와 같이 백화점에서 쇼핑을 해요.

1)

공원, 운동을 하다

저는 왕단____________________.

2)

집, 밥을 먹다

저는 투이____________________.

3)

교실, 청소하다

아사코는 제니퍼____________________.

4)

도서관, 책을 읽다

투이는 팀____________________.

함께 해요

♣ 다음을 보고 질문에 대답하세요.

7 월

월요일	화요일	수요일	목요일	금요일	토요일	일요일
1 한국어 공부	2 수영장	3	4 팀씨의 생일	5	6	7 쇼핑
8 내 생일	9 수영장	10	11	12 시험	13	14
15 한국어 공부	16	17	18	19	20 영화	21
22	23 도서관	24 서점	25	26 친구	27	28
29	30 도서관	31				

1. 언제 한국어를 공부해요?

2. 팀 씨의 생일은 언제예요?

3. 언제 친구를 만나요?

4. 7월 23일과 7월 30일에 무엇을 해요?

종합연습

1. 〈보기〉와 같이 쓰세요.

보기

저는 오월 십오일에 상우와 함께 수영장에서 수영을 해요.
저는 <u>토요일에 상우하고 같이 수영장에서 수영을 해요</u>.

1) 

저는 ______________________________.
저는 ______________________________.

2) 

저는 ______________________________.
저는 ______________________________.

3) 

저는 ______________________________.
저는 ______________________________.

4) 

저는 ______________________________.
저는 ______________________________.

5) 

저는 ______________________________.
저는 ______________________________.

2. 다음을 보고 이야기해 보세요.

팀 씨의 일주일

월	화	수	목	금	토	일
한국어 도서관	영어	한국어 공원	쇼핑	병원	수영장 영화(투이)	바다 (상우)

월요일	팀 씨는 월요일에 도서관에서 한국어를 공부해요.
화요일	팀 씨는 화요일에 학교에서 영어를 가르쳐요.
수요일	
목요일	
금요일	
토요일	팀 씨는 토요일에 수영장에 가요. 그리고 투이 씨와 함께 영화를 봐요.
일요일	

3. 잘 듣고 맞으면 ○, 틀리면 ×하세요.

1) 저는 8월 24일에 바다에서 수영을 해요. (　　　)

2) 상우 씨는 생일에 친구와 같이 밥을 먹어요. (　　　)

3) 토요일과 일요일에 한국어를 배워요. (　　　)

4. 여러분은 언제 무엇을 해요? 친구와 함께 이야기해 보세요.

_________ 월

월요일	화요일	수요일	목요일	금요일	토요일	일요일

한국어, 한국,
영화관, 도서관, 책,
백화점, 병원, 컴퓨터,
서점, 영화, 친구, 산,
수영장, 여행, 등산

하다, 사다,
만나다, 읽다, 보다,
가다, 가르치다, 배우다,
쇼핑하다, 청소하다,
공부하다

읽기

♣ 다음 글을 읽고 질문에 대답하세요.

오늘은 12월 24일입니다.
제 생일입니다.
집에서 생일 파티를 합니다.
제 여자 친구도 옵니다.
여자 친구의 생일과 제 생일은 같습니다.
우리는 집에서 생일 축하 노래를 하고
케이크를 먹습니다.
그리고 친구들과 이야기를 합니다.

1. 여자 친구의 생일은 언제입니까?

2. 생일에 무엇을 합니까?

3. 생일 축하 노래를 해 보세요.

여자	같다	축하	케이크

9 태권도 수업은 몇 시에 시작해요?

I

상우 태권도 수업은 몇 시에 시작해요?

팀 오전 열한 시에 시작해요.

상우 몇 시에 끝나요?

팀 오후 한 시에 끝나요.

상우 태권도가 어때요?

팀 재미있어요. 그렇지만 조금 어려워요.

대답하세요

1. 태권도 수업은 언제 시작해요?
2. 태권도 수업은 언제 끝나요?
3. 태권도가 재미있어요?

단어와 표현

태권도	수업	시	시작하다
오전	끝나다	오후	그렇지만
방학	김치	맵다	

◉ N에 시작하다

- 한국어 수업은 삼월 이일에 시작해요.
- 영화는 언제 시작해요?
  - 두 시에 시작해요.
-

◉ N에 끝나다

- 시험은 금요일에 끝나요.
- 방학은 언제 끝나요?
  - 다음 주 토요일에 끝나요.
-

◉ 그렇지만

- 김치는 매워요. 그렇지만 맛있어요.
- 한국어 공부는 재미있어요. 그렇지만 어려워요.
-

조금 더 공부해요

❀ 숫자 II

1	2	3	4	5	6	7	8	9	10
하나	둘	셋	넷	다섯	여섯	일곱	여덟	아홉	열
11	12	13	14	15	16	17	18	19	20
열하나	열둘	열셋	열넷	열다섯	열여섯	열일곱	열여덟	열아홉	스물

문법 시 분

시	분
한	일
두	이
세	삼
네	사
다섯	오
여섯	⋮
일곱	⋮
여덟	십
아홉	십오
열	이십
열한	삼십
열두	사십

- 01 : 00 → 한 시
- 04 : 15 → 네 시 십오 분
- 10 : 30 → 열 시 삼십 분

- 오후 2시 40분에 집에 갑니다.
- 지금 몇 시예요?
  - 여섯 시 십 분이에요.
- 영화가 몇 시에 시작해요?
  - 여덟 시에 시작해요.

연 습

1. 〈보기〉와 같이 쓰세요.

보기

가 : 지금 몇 시예요?

나 : 일곱 시 오 분이에요.

1) 

가 : 지금 몇 시예요?

나 : ______________________.

2) 

가 : 몇 시입니까?

나 : ______________________.

3) 

가 : 몇 시예요?

나 : ______________________.

4) 

가 : 지금 몇 시입니까?

나 : ______________________.

2. 〈보기〉와 같이 쓰세요.

보기

가 : 몇 시에 학교에 가요?

나 : 여덟 시에 학교에 가요.

1) 

가 : 몇 시에 도서관에 가요?

나 : ______________________.

2) 

가 : 언제 친구를 만나요?

나 : ______________________.

3) 

가 : 언제 텔레비전을 봐요?

나 : ______________________.

4) 

가 : 몇 시에 자요?

나 : ______________________.

함께 해요

♣ 그림을 보고 친구와 이야기해 보세요.

영화
AM 11:25 - PM 2:00

태권도 수업
PM 5:00 - 5:50

시험
AM 11:00 - 12:00

백화점
AM 10:30 - PM 8:30

II

저는 왕단입니다. 중국 유학생입니다.
저는 매일 아침 7시에 일어납니다.
7시 50분에 아침을 먹고 학교에 갑니다.
오전 9시부터 오후 1시까지 한국어를 공부합니다.
1시 15분에 친구와 같이 학교 식당에서 점심을 먹습니다.
저녁에는 운동을 하고 쉽니다.

대답하세요

1. 왕단 씨는 몇 시에 일어나요?
2. 몇 시에 점심을 먹어요?
3. 저녁에 무엇을 해요?

단어와 표현

유학생	매일	아침	일어나다
-고	부터	까지	점심
저녁	쉬다	반	

◉ 아침, 점심, 저녁

- 친구와 나는 아침에 운동을 해요.
- 점심에 학교 앞에서 친구를 만납니다.
- 언제 숙제를 해요?
  - 저녁 일곱 시 반에 숙제를 해요.
-

- 저는 매일 아침을 먹습니다.
- 오늘은 친구와 같이 점심을 먹어요.
- 어디에서 저녁을 먹어요?
  - 식당에서 저녁을 먹어요.

조금 더 공부해요

머리를 감다

샤워하다

세수하다

이를 닦다

손을 씻다

문법 1 S-고 S

- 밥을 먹고 커피를 마십니다.
- 상우 씨는 공원에서 산책을 하고 집에 갑니다.
- 저는 오전에 숙제를 하고 오후에 친구를 만나요.
- 운동을 하고 무엇을 해요?
  - 샤워를 하고 밥을 먹어요.

연습

1. 〈보기〉와 같이 쓰세요.

> **보기**
> 티누 씨는 오전에 도서관에서 공부해요. 그리고 저녁에 집에 가요.
> → 티누 씨는 오전에 도서관에서 공부하고 저녁에 집에 가요.

1) 아사코 씨는 오전에 일본어를 가르쳐요. 그리고 오후에 집에서 쉬어요.

→ ______________________________.

2) 저는 세수를 해요. 그리고 밥을 먹어요.

→ ______________________________.

3) 팀 씨는 공원에서 운동을 해요. 그리고 시내에서 친구를 만나요.

→ ______________________________.

4) 소영 씨는 구두를 사요. 그리고 친구와 점심을 먹어요.

→ ______________________________.

5) 상우 씨는 숙제를 해요. 그리고 영화를 봐요.

→ ______________________________.

문법 2 N부터 N까지

• 12월 24일부터 1월 10일까지 방학이에요.
• 월요일부터 금요일까지 한국어를 공부해요.
• 몇 시부터 몇 시까지 텔레비전을 봐요?
  – 아홉 시부터 열한 시까지 텔레비전을 봐요.

연습

1. 〈보기〉와 같이 쓰세요.

6:30 – 7:30

보기
여섯 시 반부터 일곱 시 반까지 수영을 해요.

아침 – 저녁

1) ______________________.

9:00 – 10:00

2) ______________________.

8:00 – 1:00

3) ______________________.

11:00 – 7:00

4) ______________________.

종합연습

1. 〈보기〉와 같이 쓰세요.

보기

전화하고 밥을 먹어요.

1)

______________________________.

2)

______________________________.

3)

______________________________.

4)

______________________________.

5)

______________________________.

2. 〈보기〉에서 골라서 알맞게 쓰세요.

보기	맵다	쉽다	어렵다	재미있다	맛있다	비싸다	싸다

1) 김치가 ______________. 그렇지만 ______________.

2) 한국 영화가 ______________. 그렇지만 ______________.

3) 불고기가 ______________. 그렇지만 ______________.

4) ______________________________.

3. 그림을 보고 쓰세요.

월	화	수	목	금
오후 1시-5시 	오전  오후 	오후 3시 	오후 6시 30분 	오전 9시-11시 

1) 팀 씨는 월요일에 한 시부터 다섯 시까지 공부를 합니다.

2) 팀 씨는 화요일에 ______________________________.

3) 팀 씨는 수요일에 ______________________________.

4) 팀 씨는 목요일에 ______________________________.

5) 팀 씨는 금요일에 ______________________________.

4. 잘 듣고 쓰세요.

1) 가 : 지금 몇 시예요?

나 : ______ 시 ______ 분이에요.

2) 가 : 수업이 언제 시작해요?

나 : ______ 시 ______ 분에 시작해요.

3) 가 : 영화가 몇 시에 끝나요?

나 : ______ 시 ______ 분에 끝나요.

4) 가 : 팀 씨, 점심을 언제 먹어요?

나 : ______ 시 ______ 분에 먹어요.

5. 여러분의 하루 일과를 써 보세요.

____

____

____

____

읽기

♣ 다음 글을 읽고 질문에 대답하세요.

> 오늘은 토요일입니다. 수업이 없습니다.
> 나는 오전에 집에서 쉬고 오후 2시에 친구 집에 갑니다.
> 친구 집에서 숙제를 하고 한국어 책을 읽습니다.
> 6시에 나는 친구와 함께 식당에 갑니다.
> 나는 라면을 먹고 친구는 비빔밥을 먹습니다.
> 비빔밥은 맵습니다. 그렇지만 맛있습니다.
> 저녁을 먹고 7시에 노래방에 갑니다.
> 우리는 한국 노래를 좋아합니다.
> 7시부터 9시까지 노래를 하고 집에 옵니다.

1. 오전에 무엇을 합니까?

2. 몇 시에 식당에 갑니까?

3. 친구와 나는 식당에서 무엇을 먹습니까?

4. 몇 시부터 몇 시까지 노래를 합니까?

5. 위의 글을 읽고 순서대로 번호를 쓰세요.

1	2	3	4	5

(3) → ( ) → ( ) → ( ) → ( )

비빔밥 라면 노래방

10 동생은 등산을 좋아하지 않습니다

I

나는 산이 좋습니다.
매주 일요일에 부모님과 함께 산에 갑니다.
나는 등산을 좋아하지만 동생은 등산을 좋아하지 않습니다.
동생은 영화를 좋아합니다.
이번 주말에도 동생은 친구와 같이 영화관에 갑니다.

대답하세요

1. 나는 무엇을 좋아해요?
2. 언제 산에 가요?
3. 동생은 주말에 뭐 해요?

단어와 표현

매주	부모	등산	동생
꽃	음식	매월	매년
-님	교수	사장	요리

◉ N이/가 좋다
- 꽃이 좋아요.
- 무엇이 좋아요?
- 나는 투이 씨가 좋아요.
-

N을/를 좋아하다
- 꽃을 좋아해요.
- 무엇을 좋아해요?
- 나는 한국 음식을 좋아해요.

◉ 매주, 매월, 매년
- 매년 생일 파티를 해요.
- 매월 한국어 시험을 봅니다.
- 매주 월요일 저녁에 영어를 가르쳐요.
-

◉ N-님

부모 → 부모님

교수 → 교수님

사장 → 사장님

- 사장님은 친절합니다.
- 박 교수님은 신문을 봅니다.
- 부모님은 중국 요리를 좋아합니다.
-

문법 1 S-지만 S

- 이건 비싸지만 저건 싸요.
- 중국어가 어렵지만 재미있어요.
- 지금 일본에는 눈이 오지만 한국에는 눈이 안 와요.

연 습

1. 〈보기〉와 같이 쓰세요.

보기

오늘은 학교에 가요. 그렇지만 내일은 학교에 안 가요.

→ 오늘은 학교에 가지만 내일은 학교에 안 가요.

1) 오렌지 주스는 없어요. 그렇지만 커피는 있어요.

→ ______________________________.

2) 지금 한국은 추워요. 그렇지만 베트남은 더워요.

→ ______________________________.

3) 나는 라면을 좋아해요. 그렇지만 친구는 라면을 싫어해요.

→ ______________________________.

4) 운동화는 싸요. 그렇지만 구두는 비싸요.

→ ______________________________.

5) 티누 씨는 바다를 좋아해요. 그렇지만 제니퍼 씨는 산을 좋아해요.

→ ______________________________.

문법 2 A/V-지 않다

- 주말에 학교에 가지 않습니다.
- 제니퍼 씨는 오늘 운동하지 않습니다.
- 베트남은 날씨가 추워요?
  – 아니요, 춥지 않아요.

연 습

1. 〈보기〉와 같이 쓰세요.

보기

가 : 학교에 가요?

나 : 아니요, 학교에 가지 않아요.

1) 

가 : 빨래를 해요?

나 : 아니요, ______________________.

2) 

가 : 날씨가 추워요?

나 : 아니요, ______________________.

3) 

가 : 사진을 찍어요?

나 : 아니요, ______________________.

4) 

가 : 책을 읽어요?

나 : 아니요, ______________________.

5) 

가 : 날씨가 더워요?

나 : 아니요, ______________________.

II

제니퍼	어제 뭘 했어요?
상 우	투이 씨하고 시내에서 영화를 봤어요.
제니퍼	무슨 영화를 봤어요?
상 우	'괴물'을 봤어요.
제니퍼	영화가 재미있었어요?
상 우	네, 아주 재미있었어요.

대답하세요

1. 상우 씨는 주말에 어디에 갔어요?
2. 상우 씨는 무엇을 봤어요?

단어와 표현

어제 뭘 괴물 피자
농구하다 음악

◉ 뭘 = 무엇을

• 팀 씨는 지금 뭘 먹어요?
  – 피자를 먹어요.
• 아사코 씨는 뭘 좋아해요?
  – 음악을 좋아해요.
• 왕단 씨는 어제 오후에 뭘 했어요?
  – 친구들하고 농구하고 컴퓨터를 했어요.
•

조금 더 공부해요

❀ 공연

뮤지컬

연극

오페라

콘서트

문법 A/V-았/었-

	-았어요 / -었어요	-았습니다 / -었습니다
좋다	좋았어요	좋았습니다
먹다	먹었어요	먹었습니다
덥다	더웠어요	더웠습니다
공부하다	공부했어요	공부했습니다

- 김치가 아주 매웠어요.
- 금요일에 수영하지 않았어요.
- 주말에 커피숍에서 커피를 마셨습니다.
- 어제 뭘 했습니까?
  - 집에서 빨래하고 청소했습니다.

연 습

1. 〈보기〉와 같이 쓰세요.

보기 날씨가 좋아요.
→ 날씨가 좋았어요.

1) 백화점에서 구두를 사요.

→ ____________________.

2) 한국어를 가르쳐요.

→ ____________________.

3) 팀 씨와 티누 씨는 기숙사에서 쉽니다.

→ ____________________.

4) 날씨가 아주 덥습니다.

→ ____________________.

함께 해요

♣ 친구에게 질문하세요.

	나	친구:	친구:
1. 아침에 뭘 먹었어요?			
2. 오늘 몇 시에 일어났어요?			
3. 어제 텔레비전을 봤어요?			
4. 토요일에 학교에 갔어요?			
5. 일요일에 무엇을 했어요?			
6. 주말에 한국어를 공부했어요?			
7. 어제 어디에 갔어요?			

종 합 연 습

1. 〈보기〉와 같이 쓰세요.

보기

가 : 오늘은 날씨가 추워요?

나 : 아니요, 춥지 않아요. 따뜻해요.

1) 

가 : 오전 6시에 일어나요?

나 : ______________________.

2) 

가 : 도서관에 가요?

나 : ______________________.

3) 

가 : 지금 샤워를 해요?

나 : ______________________.

4) 

가 : 아침에 텔레비전을 봐요?

나 : ______________________.

5) 

가 : 주스를 마셔요?

나 : ______________________.

2. 〈보기〉와 같이 쓰세요.

보기

가 : 어제 무엇을 했어요?

나 : 집에서 청소하고 책을 읽었어요.

1)  

가 : 일요일에 뭘 했어요?

나 : ______________________.

2)  

가 : 아침에 무엇을 했어요?

나 : ______________________.

3)  

가 : 주말에 무엇을 했어요?

나 : ______________________.

4)  

가 : 토요일에 무엇을 했어요?

나 : ______________________.

5)  

가 : 어제 무엇을 했어요?

나 : ______________________.

3. 잘 듣고 쓰세요.

왕단

____.

티누

____.

선생님

____.

4. 여러분은 어제 무엇을 했어요? 써 보세요.

____

____

____

____

____

____

읽기

♣ 다음 글을 읽고 질문에 대답하세요.

티 누 아사코 씨, 어제 도서관에 갔어요?

아사코 아니요, 도서관에 가지 않았어요. 시내에 갔어요.
친구와 함께 밥을 먹고 백화점에 갔어요.

티 누 백화점에서 뭘 샀어요?

아사코 구두하고 모자를 샀어요.
티누 씨는 어제 뭘 했어요?

티 누 저는 뮤지컬을 봤어요.

아사코 무슨 뮤지컬을 봤어요?

티 누 '명성황후'를 봤어요.

아사코 뮤지컬이 어땠어요?

티 누 조금 어려웠지만 아주 재미있었어요.

1. 아사코 씨는 어제 시내에서 무엇을 했어요?

2. 티누 씨는 어제 무슨 뮤지컬을 보았어요?

3. 뮤지컬이 어땠어요?

명성황후 어땠어요?

11 우리 가족은 모두 다섯 명입니다

I

우리 가족은 모두 다섯 명입니다.
할아버지와 부모님이 계시고 동생이 있습니다.
아버지는 중학교에서 음악을 가르치십니다.
동생은 부산에서 대학교에 다닙니다.
어제는 할아버지의 생신이었습니다.
그래서 우리는 함께 밥을 먹고 사진을 찍었습니다.
할아버지께 선물도 드렸습니다.

대답하세요

1. 아버지는 무엇을 하십니까?
2. 동생은 어디에 다녀요?
3. 어제는 누구의 생일이었어요?

단어와 표현

가족	모두	명	할아버지
계시다	아버지	중학교	부산
다니다	생신	그래서	드리다
주다	어머니	께	에게

◉ 우리 N

• 우리 선생님이세요.
• 우리 부모님은 호주에 계십니다.
• 우리 반 친구들은 모두 친절해요.
•

◉ N에 계시다

• 아버지는 회사에 계십니다.
• 선생님, 지금 어디에 계십니까?
•

◉ 그래서

• 모자가 비싸요. 그래서 안 사요.
• 일요일이에요. 그래서 수업이 없어요.
•

◉ 드리다

• 상우는 어머니께 안경을 드려요.
• 나는 선생님께 커피를 드렸어요.
• 저는 할아버지께 신문을 드렸습니다.
•

주다, 주시다

• 투이는 나에게 사진을 줍니다.
• 나는 동생에게 선물을 줬어요.
• 선생님은 나에게 책을 주십니다.

문법 1 N에게, N께

- 나는 어머니께 전화했어요.
- 나는 아버지께 선물을 드렸어요.
- 제니퍼 씨는 한국 친구에게 영어를 가르칩니다.

연습

1. 〈보기〉와 같이 쓰세요.

보기 나, 상우, 사전, 주다 → 나는 상우에게 사전을 주었어요.

1) 친구, 선생님, 꽃, 드리다 → ______________.

2) 나, 팀 씨, 책, 주다 → ______________.

3) 아버지, 동생, 전화하다 → ______________.

4) 아사코, 학생들, 일본어, 가르치다 → ______________.

2. 〈보기〉와 같이 쓰세요.

보기
(투이, 상우, 책)
투이 씨는 상우 씨에게 책을 줘요.

1) 

(소영, 할아버지, 모자)

______________.

2) 

(티누, 소영, 꽃)

______________.

3) 

(어머니, 상우, 선물)

______________.

문법 2 V-(으)시-, N(이)시-

- 아버지는 회사원이십니다.
- 선생님은 신문을 읽으십니다.
- 언제 한국에 오셨습니까?
  - 7월에 왔습니다.

연 습

1. 그림을 보고 쓰세요.

1) 

내 친구는 공원에 갑니다.

선생님도 ________________.

2) 

나는 책을 ________________.

어머니도 ________________.

3) 

아사코는 어제 ________________.

아버지도 ________________.

4) 

나는 어제 ________________.

할아버지도 ________________.

II

상우 이건 누나 결혼식 사진이에요.

투이 이분이 상우 씨의 어머니세요?

상우 네, 그리고 이분은 제 아버지세요.

투이 누가 상우 씨의 여동생이에요?

상우 이 사람이 제 여동생이에요.

투이 여동생은 몇 살이에요?

상우 스무 살이에요. 대학교에 다녀요.

대답하세요

1. 누구의 결혼식 사진이에요?
2. 상우 씨의 가족은 몇 명이에요?

단어와 표현

누나	결혼식	분	누구
여동생	이	살	그
저			

◉ 이 N, 그 N, 저 N

- 그 가방은 가벼워요.
- 이 오렌지가 맛있어요.
- 저 책은 누구의 책이에요?
-

이분, 그분, 저분

- 이분은 제 어머니입니다.
- 저분은 상우 씨의 아버지입니다.

조금 더 공부해요

생신 (생일)	연세 (나이)	진지 (밥)	성함(이름)
주무시다 (자다)	드시다 (먹다, 마시다)		

- 성함이 어떻게 되세요? (이름이 뭐예요?)
- 연세가 어떻게 되세요? (몇 살이에요?)

※ 가족

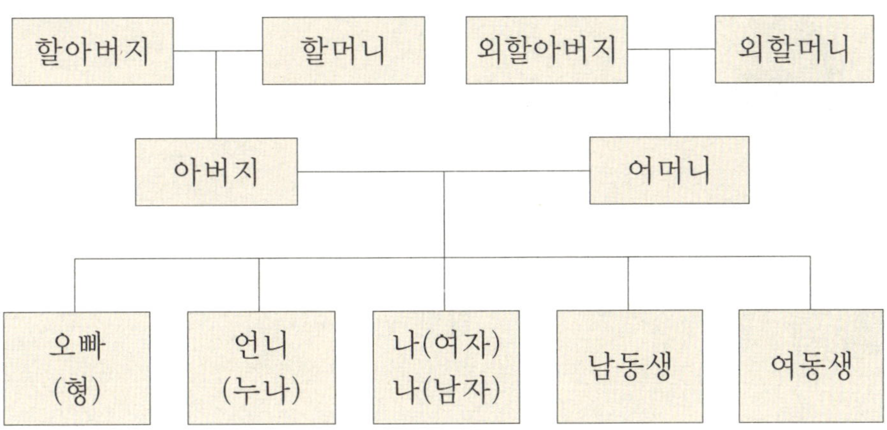

문법 1 누구

- 이 학생은 누구예요?
- 이건 누구의 책이에요?
- 오늘 누구를 만났어요?

- 누가 왔어요?
- 누가 아사코예요?
  - 제가 아사코예요.

연 습

1. 대화를 만드세요.

왕단

보기

가 : 누가 숙제를 해요?

나 : 왕단 씨가 숙제를 해요.

1) 
소영

가 : 누가 시장에 가요?

나 : ______________________________.

2) 
투이

가 : 이 학생이 __________ 예요?

나 : 투이예요.

3) 
상우

가 : 저건 __________ 가방입니까?

나 : ______________________________.

4) 
상우 왕단

가 : 상우 씨가 지금 __________ 만나요?

나 : 왕단 씨를 만나요.

문법 2 V-(으)세요, N(이)세요

- 이분은 제 어머니세요.
- 선생님은 8시에 학교에 오세요.
- 지금 무엇을 드세요?
  - 불고기를 먹어요.

연 습

1. 〈보기〉와 같이 쓰세요.

보기

선생님은 지금 전화하세요.

1)

아버지 ______________________________.

2)

선생님 ______________________________.

3)

어머니 ______________________________.

4)

할아버지 ______________________________.

종합연습

1. 대화를 만드세요.

1) 가 : 매일 아침 운동을 하세요?

나 : 네, ______________________.

2) 가 : 영어를 가르치셨어요?

나 : 네, ______________________.

3) 가 : 어머니는 집에 계세요?

나 : 네, ______________________.

4) 가 : 아버지는 선생님이세요?

나 : 네, ______________________.

2. 맞는 것을 골라 쓰세요.

누구, 누구를, 누구의, 누가

1) 가 : 어제 (   ) 만났어요?

나 : 왕단 씨를 만났어요.

2) 가 : 그건 (   ) 연필입니까?

나 : 이건 제 연필입니다.

3) 가 : 오늘 (   ) 학교에 안 왔어요?

나 : 투이 씨가 안 왔어요.

4) 가 : 저분은 (   )십니까?

나 : 팀 씨입니다.

3. 맞는 것을 골라 쓰세요.

그리고,　　그래서,　　그렇지만

1) 어제는 비가 왔어요. (　　　　　) 오늘은 비가 안 와요.

2) 어제는 제 동생 생일이었어요. (　　　　　) 가족과 함께 파티를 했어요.

3) 라면을 좋아해요. (　　　　　) 많이 먹었어요.

4) 6시에 일어났어요. (　　　　　) 7시에 아침을 먹었어요.

4. 그림과 맞는 단어를 연결하고 문장을 만드세요.

할아버지

드시다
밥
주무시다
진지　연세
나이　생신
먹다　드리다
있다　자다　주다　계시다
마시다
생일

상우

드시다

보기 할아버지께서 진지를 드십니다.

먹다

5. 잘 듣고 고르세요.

1) ① 4 ② 5 ③ 6

2) ①  ②  ③ 

3) ①  ② 

③ 

4) ① 24 ② 25 ③ 26

6. 친구와 이야기하세요.

보기 이번 주말에 산에 가다

가 : 이번 주말에 산에 <u>가세요</u>?

나 : 네, 산에 <u>가요</u>. / 아니요, 산에 <u>안 가요</u>.

	질문	이름 : ________
	① 컴퓨터 게임을 좋아하다	
	② 매일 텔레비전을 보다	
	③ 집에서 요리를 하다	
	④ 불고기를 좋아하다	
	⑤ 주말에 집에 있다	

읽기

♣ 다음 글을 읽고 질문에 대답하세요.

아사코 상우 씨, 가족이 몇 명이세요?
상 우 다섯 명이에요. 부모님이 계시고 누나와 남동생이 있어요.
아사코 모두 서울에 계세요?
상 우 아니요, 부모님은 고향에 계시고, 동생은 부산에 있어요.
아사코 동생은 부산에서 뭐 해요?
상 우 대학교에 다녀요.
아사코 누나도 학생이에요?
상 우 아니요, 선생님이에요.
중학교에서 영어를 가르쳐요.

1. 상우 씨의 부모님은 어디에 계세요?

2. 동생은 어디에 있어요?

3. 상우 씨의 누나는 무엇을 해요?

12 외국어를 할 수 있어요?

I

상 우 제니퍼 씨, 그건 뭐예요?
제니퍼 포도주예요. 프랑스 친구가 나한테 줬어요.
상 우 제니퍼 씨는 프랑스어를 할 수 있어요?
제니퍼 물론이에요.
제 어머니가 프랑스 사람이에요.
상우 씨도 프랑스어를 할 수 있어요?
상 우 아니요, 못 해요.

대답하세요

1. 프랑스 친구가 제니퍼 씨에게 무엇을 줬어요?
2. 누가 프랑스어를 할 수 있어요?

단어와 표현

포도주	프랑스	한테	프랑스어
물론이다	못	외국어	

◉ N(한국어, 영어, 중국어)을/를 하다

- 외국어를 해요.
- 동생은 중국어를 해요.
- 선생님은 영어를 해요.
-

◉ 한테 = 에게

- 동생한테 전화했어요.
- 친구한테 꽃을 줬어요.
- 아사코 씨는 팀 씨한테 일본어를 가르쳐요.
-

◉ 물론이다

- 티누 씨, 숙제했어요?
  - 물론이에요.
- 제니퍼 씨는 한국 영화를 좋아해요?
  - 물론이에요. 아주 좋아해요.
- 상우 씨는 투이 씨의 생일 파티에 가요?
  - 물론이에요.
-

문법 1 V-(으)ㄹ 수 있다/없다

- 지금 산에 갈 수 있어요?
- 한국 신문을 읽을 수 있어요.
- 제니퍼 씨는 한국 노래를 할 수 없어요.

연습

1. 〈보기〉와 같이 쓰세요.

팀, 농구하다

보기

팀 씨는 농구할 수 있어요.

1)

티누, 수영하다

_______________.

2)

투이, 영어를 하다

_______________.

3)

상우, 축구하다

_______________.

4)

소영, 요리하다

_______________.

문법 2 못 V

- 상우는 그림을 못 그려요.
- 비가 와요. 그래서 등산을 못 해요.
- 일본어를 할 수 있어요?
  - 아니요, 못 해요.

연 습

1. 다음 대화를 보고 알맞은 것에 ○를 하세요.

1) 가 : 날씨가 추워요?
   나 : 아니요, (안, 못) 추워요.

2) 가 : 어제 친구를 만났어요?
   나 : 아니요, 어제 일이 많았어요. 그래서 (안, 못) 만났어요.

3) 가 : 과일을 안 먹어요?
   나 : 네, 저는 과일을 싫어해요. 그래서 (안 , 못) 먹어요.

4) 가 : 오늘 산에 갈 수 있어요?
   나 : 아니요, 산에 (안 , 못) 가요. 한국어 수업이 있어요.

5) 가 : 제니퍼 씨는 지금 책을 읽어요?
   나 : 아니요, 책을 (안, 못) 읽어요. 신문을 읽어요.

6) 가 : 왕단 씨는 영어를 할 수 있어요?
   나 : 아니요, 한국어를 할 수 있지만 영어를 (안 , 못) 해요.

II

제니퍼 씨의 아버지는 미국 사람이고 어머니는 프랑스 사람이에요.
그래서 제니퍼 씨는 영어와 프랑스어를 할 수 있어요.
제니퍼 씨는 낮에는 회사에서 일하고 밤에는 한국어를 배워요.
그리고 주말에는 상우 씨에게 프랑스어를 가르쳐요.
제니퍼 씨는 요즘 아주 피곤해요.
그리고 너무 바빠서 친구들을 만날 수 없어요.

대답하세요

1. 제니퍼 씨는 언제 한국어를 배워요?
2. 제니퍼 씨는 주말에 무엇을 해요?

단어와 표현

낮	밤	요즘	피곤하다
너무	바쁘다	옷	운전
축구	예쁘다	쓰다	배
아프다	고프다	나쁘다	편지
기쁘다			

◉ 너무

- 옷이 너무 비싸요.
- 영화가 너무 재미없어요.
- 오늘 날씨가 너무 더워요.
-

◉ 요즘 = 요즈음

- 저는 요즘 커피를 안 마셔요.
- 아사코 씨는 요즈음 운전을 배워요.
- 요즘 무슨 운동을 해요?
  – 축구를 해요.
-

◉ 피곤하다

- 오늘은 너무 피곤해요.
- 등산을 했어요. 그래서 피곤해요.
- 피곤해요?
  – 아니요, 피곤하지 않아요.
-

문법 1 S-아서/어서 S

- 비가 와서 등산을 못 했어요.
- 김치가 너무 매워서 못 먹어요.
- 주말에 뭐 했어요?
  - 피곤해서 집에서 쉬었어요.

연 습

1. 〈보기〉와 같이 쓰세요.

보기 눈이 많이 왔어요. 산에 못 갔어요.
→ 눈이 많이 와서 산에 못 갔어요.

1) 배가 고파요. 식당에 가요.

→ ______________________.

2) 그 책이 너무 비싸요. 못 사요.

→ ______________________.

3) 날씨가 더워요. 아이스크림을 먹어요.

→ ______________________.

4) 볼펜이 많아요. 친구에게 줘요.

→ ______________________.

5) 라면을 싫어해요. 안 먹어요.

→ ______________________.

6) 친구를 만났어요. 기분이 좋아요.

→ ______________________.

7) 불고기가 맛있어요. 매일 먹어요.

→ ______________________.

문법 2 '으' 탈락

	-ㅂ/습니다	-고	-지만	-아요/어요	-아서/어서
바쁘다	바쁩니다	바쁘고	바쁘지만	바빠요	바빠서
예쁘다	예쁩니다	예쁘고	예쁘지만	예뻐요	예뻐서
쓰다	씁니다	쓰고	쓰지만	써요	써서

- 아침을 못 먹어서 배가 고파요.
- 날씨가 나빠서 산에 안 갔어요.
- 친구에게 편지를 썼어요.
- 아이스크림을 너무 많이 먹어서 배가 아파요.

연 습

1. 빈칸에 알맞게 넣으세요.

	-ㅂ/습니다	-고	-지만	-아요/어요	-아서/어서
나쁘다					
아프다					
고프다					
기쁘다					

2. 〈보기〉에서 골라 (   )에 알맞게 넣으세요.

보기 쓰다 바쁘다 고프다 나쁘다 예쁘다 아프다

1) 부모님께 편지를 (   )요.

2) 치마를 샀어요. 치마가 (   )요.

3) 가 : 밥을 먹었어요?

   나 : 아니요, 배가 (   )서 못 먹었어요.

4) 가 : 지금 대구는 날씨가 어때요?

   나 : 날씨가 (   )요.

5) 가 : 왕단 씨, 지금 어디에 가요?

   나 : 배가 너무 (   )서 식당에 가요.

종합연습

1. 다음을 보고 알맞게 연결하세요.

1) 농구를 할 수 있어요? •	• 아니요, 너무 어려워서 못 했어요.
2) 숙제를 했어요? •	• 아니요, 너무 비싸서 못 샀어요.
3) 어제 학교에 왔어요? •	• 아니요, 못해요.
4) 바지를 샀어요? •	• 아니요, 바빠서 만날 수 없어요.
5) 요즘 친구들을 만나요? •	• 아니요, 아파서 못 왔어요.

2. 〈보기〉와 같이 문장을 완성하세요.

보기

비가 와서 산에 못 갔어요.

1) 

______________ 밥을 못 먹었어요.

2) 

______________ 생일 파티에 못 갔어요.

3) 

______________________________.

4) 

______________________________.

3. 여러분은 무엇을 할 수 있어요? 친구와 함께 말해 보세요.

4. 잘 듣고 맞으면 ○, 틀리면 ×하세요.

1) ① 상우 씨는 축구를 할 수 있어요. (　　)

② 티누 씨는 농구를 못 해요. (　　)

2) ① 제니퍼 씨는 어제 머리가 아팠어요. (　　)

② 제니퍼 씨는 어제 숙제를 안 했어요. (　　)

5. 여러분 가족은 무엇을 할 수 있어요? 써 보세요.

보기 제 동생은 요리를 할 수 있어요.
제 동생은 한국 노래를 못해요.

읽기

♣ 다음 글을 읽고 질문에 대답하세요.

10월 8일　날씨 : 

오늘은 아침부터 비가 많이 왔습니다. 우산이 없어서 왕단 씨와 함께 학교에 갔습니다. 수업이 끝나고 2시에 친구들과 함께 영화관에 갔습니다. 사람들이 많아서 4시에 영화를 봤습니다. 우리는 영화를 보고 식당에 갔습니다. 배가 아주 고팠습니다. ㉠________ 음식이 너무 매워서 먹을 수 없었습니다. 편의점에서 빵을 먹고 지하철역으로 갔습니다. 지하철은 복잡했습니다. 밤 9시 반에 집에 왔습니다. 아주 피곤했습니다.

1. 위의 글을 읽고 문장을 연결하세요.

1) 우산이 없었습니다. 그래서 •　　　　• 빵을 먹었습니다.

2) 사람들이 많았습니다. 그래서 •　　　　• 친구와 함께 학교에 갔습니다.

3) 음식이 매웠습니다. 그래서 •　　　　• 4시에 영화를 보았습니다.

2. ㉠에 알맞은 말을 고르세요.

① 그리고　　② 그렇지만　　③ 그래서

우산	편의점	지하철역	지하철	복잡하다

13 사진을 찍을 거예요

I

투이 왕단 씨, 이번 주말에 뭐 해요?

왕단 티누 씨와 함께 부산에 갈 거예요.

투이 부산에서 뭐 할 거예요?

왕단 바다를 볼 거예요. 그리고 사진을 많이 찍을 거예요.

투이 왕단 씨는 바다에 처음 가요?

왕단 네, 처음 가요. 제 고향에는 바다가 없어요.

투이 정말이에요?

대답하세요

1. 왕단 씨는 주말에 어디에 가요?
2. 누가 바다에 처음 가요?

단어와 표현

처음　　　　정말　　　　크리스마스　　　　해외

여행

◉ 정말이에요?

- 나는 내일 고향에 가요.
  - 정말이에요?
- 제 생일은 크리스마스예요.
  - 정말이에요?
-

◉ 처음

- 한국에 처음 왔어요.
- 처음 해외 여행을 했어요.
- 나는 그 사람을 처음 봤어요.
-

조금 더 공부해요

2012년	2013년	2014년
작년	올해	내년

7월	8월	9월
지난달	이번 달	다음 달

	월요일	화요일	수요일	목요일	금요일	토요일	일요일
지난주 ➔			1	2	3	4	5
이번 주 ➔	6	7	8 어제	9 오늘	10 내일	11	12
다음 주 ➔	13	14	15	16	17	18	19

문법 V-(으)ㄹ 거예요, V-(으)ㄹ 겁니다

- 오늘은 집에서 쉴 거예요.
- 오늘 오후에 도서관에 갈 거예요.
- 이번 토요일에 뭐 할 거예요?
  - 오전에 청소를 하고 오후에 숙제를 할 겁니다.

연습

1. 〈보기〉와 같이 쓰세요.

영화관에 가다

보기

가 : 주말에 뭐 할 거예요?

나 : 영화관에 갈 거예요.

1)

사과를 사다

가 : 시장에서 뭐 할 거예요?

나 : ______________________________.

2)

책을 읽다

가 : 집에서 뭐 할 거예요?

나 : ______________________________.

3)

도서관에 가다

가 : 오후에 뭐 할 거예요?

나 : ______________________________.

4)

고향 친구를 만나다

가 : 금요일에 뭐 할 거예요?

나 : ______________________________.

함께 해요

♣ ________에서 뭐 할 거예요?

1) 친구 집

2) 시내

3) 공원

4) 고향

? ? ?

II

지난 주말에는 날씨가 더웠습니다.
저는 티누 씨와 함께 부산에 가서 바다를 구경했습니다.
저는 바다를 처음 보았습니다.
바다는 넓고 아름다웠습니다.
저는 사진을 많이 찍었습니다.
내일 동생에게 그 사진들을 보낼 겁니다.

대답하세요

1. 지난 주말에는 날씨가 어땠어요?
2. 이 사람은 부산에서 무엇을 했어요?

단어와 표현

구경하다	넓다	아름답다	보내다	야구
미용실	좁다	이메일	겨울옷	

◉ N을/를 구경하다

- 어제 친구와 함께 백화점을 구경했어요.
- 내일 친구와 함께 야구를 구경할 거예요.
- 나는 오늘 시내를 구경하고 미용실에 가요.
-

◉ N이/가 넓다

- 교실이 아주 넓어요.
- 식당이 넓고 깨끗해요.
- 제 방은 넓지만 동생 방은 좁아요.
-

◉ N에게/께/에 보내다

- 부모님께 편지를 보냅니다.
- 겨울옷을 집에 보낼 거예요.
- 어제 친구에게 이메일을 보냈어요.
-

문법 S-아서/어서 S

- 고향에 가서 부모님을 만나요.
- 아침에 일어나서 세수를 했어요.
- 사진을 찍어서 친구에게 줬어요.

연습

1. 〈보기〉와 같이 쓰세요.

> 보기 도서관에 가다 / 책을 읽다
> → 도서관에 가서 책을 읽었어요.

1) 요리를 하다 / 어머니와 같이 먹다

→ ______________________.

2) 책을 사다 / 읽다

→ ______________________.

3) 친구를 만나다 / 미용실에 가다

→ ______________________.

4) 편지를 쓰다 / 어머니께 보내다

→ ______________________.

5) 집에 오다 / 밥을 먹다

→ ______________________.

6) 그림을 그리다 / 친구에게 주다

→ ______________________.

2. 〈보기〉와 같이 쓰세요.

보기

가 : 오늘 무엇을 할 거예요?

나 : 도서관에 가서 책을 읽을 거예요.

1)

가 : 어제 무엇을 했어요?

나 : ______________________.

2)

가 : 주말에 뭐 할 거예요?

나 : ______________________.

3)

가 : 내일 뭘 할 거예요?

나 : ______________________.

4)

가 : 방학에 뭘 할 거예요?

나 : ______________________.

5)

가 : 친구와 같이 뭘 했어요?

나 : ______________________.

종합연습

1. 〈보기〉와 같이 대답하세요.

영화 보다　빵을 먹다　숙제하다
부산　서울　사과
바나나　꽃　귤　친구를 만나다
일본어 책　모자　빨래하다　운동하다　노래
한국어 책　청소　중국어 책　영어 책

보기　가 : 뭐 먹을 거예요?
나 : 빵을 먹을 거예요.

1) 가 : 주말에 뭐 할 거예요?
나 : ________________.

2) 가 : 주말에 어디에 갈 거예요?
나 : ________________.

3) 가 : 시장에서 뭐 살 거예요?
나 : ________________.

4) 가 : 토요일에 뭐 할 거예요?
나 : ________________.

5) 가 : 무슨 책을 읽을 거예요?
나 : ________________.

2. '-고' 와 '-아서/어서' 를 사용해서 〈보기〉와 같이 대답하세요.

보기

가 : 아침에 뭐 했어요?
나 : 아침을 먹고 신문을 읽었어요.

가 : 아침에 뭐 했어요?
나 : 아침에 일어나서 운동을 했어요.

1)  

가 : 어제 뭐 했어요?
나 : ______________________________.

2)  

가 : 내일 뭐 할 거예요?
나 : ______________________________.

3)  

가 : 월요일에 뭐 했어요?
나 : ______________________________.

4)  

가 : 오늘 뭐 해요?
나 : ______________________________.

5)  

가 : 주말에 뭐 할 거예요?
나 : ______________________________.

3. 잘 듣고 맞으면 ○, 틀리면 ×하세요.

1) 왕단 씨는 외국어 공부를 할 거예요. (   )

2) 왕단 씨는 한국 친구와 함께 여행할 거예요. (   )

3) 왕단 씨는 방학에 중국에 갈 거예요. (   )

4) 상우 씨는 일본 여행을 할 거예요. (   )

5) 상우 씨는 왕단 씨 집에 갈 거예요. (   )

4. 여러분은 무엇을 할 거예요? 써 보세요.

내일 ______________________________

주말에 ______________________________

다음 주에 ______________________________

다음 달에 ______________________________

내년에 ______________________________

읽기

♣ 다음 글을 읽고 질문에 대답하세요.

<상우의 여행 계획>

언 제	7월 25일 ~ 8월 5일
어디에	유럽
누구와	아사코, 소영, 팀

무엇을 구경할 거예요?

- 영국 박물관
- 프랑스 에펠 탑
- 독일 맥주, 축구 구경
- 이탈리아 쇼핑, 피자
- 스위스 알프스 산

1) 상우 씨는 언제 여행을 할 겁니까?

2) 상우 씨는 누구와 함께 여행을 할 겁니까?

3) 상우 씨는 영국에서 무엇을 할 겁니까?

4) 상우 씨는 어디에서 축구 구경을 할 겁니까?

계획 유럽 박물관 에펠 탑 맥주 스위스 알프스

14 잠깐 쉴까요?

I

아사코 숙제가 좀 어려워요. 왕단 씨는 어때요?
왕　단 저도 어려워요. 우리 잠깐 쉴까요?
아사코 네, 쉽시다. 커피를 마실까요?
왕　단 네, 좋아요.

* *

아사코 자동판매기에 커피가 없어요.
왕　단 그러면 학교 앞 편의점에 갑시다.

대답하세요

1. 숙제가 어때요?
2. 두 사람은 무엇을 할 거예요?
3. 편의점이 어디에 있어요?

단어와 표현

좀　　　잠깐　　　자동판매기　　　그러면(=그럼)

◉ 좀

- 가방이 좀 비싸요.
- 날씨가 좀 더워요.
- 운동을 많이 했어요. 그래서 좀 피곤해요.
-

◉ 잠깐

- 잠깐 쉬었어요.
- 오후에 비가 잠깐 왔어요.
- 오늘 친구를 잠깐 만났어요.
-

◉ 그러면 = 그럼

- 오늘은 바빠요.
  - 그러면 내일 만납시다.
- 박 선생님은 안 계세요.
  - 그럼 김 선생님은 계세요?
- 지금은 오렌지 주스가 없어요.
  - 그러면 무슨 주스가 있어요?
-

문법 1 V-(으)ㄹ까요?

- 우리 뭐 먹을까요?
- 어디에서 만날까요?
- 오늘 시내에 가서 영화를 볼까요?

연 습

1. 〈보기〉와 같이 쓰세요.

백화점, 가다

보기

<u>백화점에 갈까요</u>?

1) 
산, 가다

__________________________?

2) 
집, 쉬다

__________________________?

3) 
바나나, 먹다

__________________________?

4) 

한국어 책, 읽다

__________________________?

5) 
우유, 마시다

__________________________?

문법 2 V-(으)ㅂ시다

- 학교 앞에서 만납시다.
- 도서관에서 책을 읽읍시다.
- 주말에 무엇을 할까요?
  - 산에 갑시다.

연 습

1. 〈보기〉와 같이 쓰세요.

보기

가 : 주말에 무엇을 할까요?

나 : 영화를 봅시다.

1)

가 : 내일 어디에 갈까요?

나 : ______________________.

2)

가 : 뭐 먹을까요?

나 : ______________________.

3)

가 : 무슨 운동을 할까요?

나 : ______________________.

4)

가 : 몇 시에 만날까요?

나 : ______________________.

II

왕 단 아사코 씨는 뭘 마실 거예요?

아사코 저는 포도 주스를 마실 거예요.

왕 단 저는 배가 고파요.
우리 주스도 마시고 빵도 먹어요.

아사코 좋아요. 김밥도 먹을까요?

왕 단 네, 빨리 먹읍시다. 시간이 없어요.

대답하세요

1. 누가 포도 주스를 마실 거예요?
2. 두 사람은 뭘 먹을 거예요?

단어와 표현

포도　　　김밥　　　빨리　　　시간

◉ 시간이 있다 ↔ 시간이 없다

- 오늘은 시간이 없어요. 내일 만납시다.
- 저녁에 시간이 있어요?
  - 네, 있어요.
-

◉ 빨리

- 빨리 청소를 합시다.
- 비가 와요. 빨리 집에 갑시다.
- 빨리 숙제를 하고 밥을 먹읍시다.
-

조금 더 공부해요

음식

김밥

떡볶이

냉면

햄버거

돈가스

만두

문법 1 V-아요/어요

- 배가 고파요. 우리 라면을 먹어요.
- 우리 뭐 할까요?
  - 농구를 해요.
- 언제 만날까요?
  - 다음 주 토요일에 만나요.

연 습

1. 〈보기〉와 같이 쓰세요.

> 보기 학교에 갑시다. → 학교에 가요.

1) 책을 많이 읽읍시다.

→ ______________________.

2) 만두를 먹읍시다.

→ ______________________.

3) 시장에 가서 과일을 삽시다.

→ ______________________.

4) 지하철역에서 2시에 만납시다.

→ ______________________.

5) 주말에 중국어를 공부합시다.

→ ______________________.

문법 2 N도 A/V-고 N도 A/V

- 오늘 집에서 청소도 하고 빨래도 했어요.
- 주말에 친구도 만나고 선생님도 만날 거예요.
- 뭐가 맛있어요?
  - 떡볶이도 맛있고 김밥도 맛있어요.

연습

1. 〈보기〉와 같이 쓰세요.

보기 가 : 시내에서 뭘 살 거예요?
나 : (바지, 사다 / 모자, 사다) 바지도 사고 모자도 살 거예요.

1) 가 : 어제 무엇을 했어요?
나 : (숙제, 하다 / 친구, 만나다) ______________________.

2) 가 : 아침에 뭘 먹어요?
나 : (밥, 먹다 / 미역국, 먹다) ______________________.

3) 가 : 누가 선생님 집에 가요?
나 : (팀, 가다 / 아사코, 가다) ______________________.

4) 가 : 우리 뭘 먹을까요?
나 : (떡볶이, 먹다 / 김밥, 먹다) ______________________.

5) 가 : 공원에서 뭘 할까요?
나 : (책, 읽다 / 산책, 하다) ______________________.

종합연습

1. 그림을 보고 대답하세요.

1) 뭘 먹을까요?

2) 무엇을 마실까요?

3) 뭘 살까요?

4) 주말에 무엇을 할까요?

2. 무엇을 할 거예요?

우유 김밥 그림 공부
주스 피자 옷 떡볶이
모자 운동화 가방 야구
축구 수영 숙제
빨래 청소 쇼핑 영화 노래

보기 학교 식당에서 밥도 먹고 이야기도 할 거예요.

1) 시내에서 ______________________________.

2) 집에서 ______________________________.

3) 백화점에서 ______________________________.

4) 식당에서 ______________________________.

5) 커피숍에서 ______________________________.

6) 공원에서 ______________________________.

7) 학교에서 ______________________________.

3. 잘 듣고 고르세요.

1) ①  ②  ③  ④ 

2) ①  ②  ③  ④ 

4. 친구와 함께 이야기해 보세요.

보기

나　: 오늘 뭘 할까요?

친구 : 공부도 하고 운동도 해요.

읽기

♣ 다음 글을 읽고 질문에 대답하세요.

팀	왕단 씨, 식당에 같이 갑시다. 아침을 안 먹어서 배가 고파요.
왕단	좋아요. 학생 식당에 갈까요?
팀	학생 식당은 무슨 음식이 맛있어요?
왕단	돈가스와 냉면이 맛있어요.
팀	그럼 우리 돈가스도 먹고 냉면도 먹읍시다.
왕단	좋아요.
팀	티누 씨도 같이 갑시다.
티누	미안해요. 저는 오늘 태권도 수업이 있어서 못 가요.

1. 맞으면 ○, 틀리면 ×하세요.

1) 팀 씨와 왕단 씨는 학생 식당에 갈 거예요. (　　)

2) 팀 씨와 티누 씨는 돈가스와 냉면을 먹을 거예요. (　　)

3) 티누 씨도 같이 식당에 갈 거예요. (　　)

4) 학생 식당의 돈가스와 냉면이 맛있어요. (　　)

5) 왕단 씨는 아침을 안 먹어서 배가 고파요. (　　)

미안하다

15 공책 한 권에 얼마예요?

I

아주머니	어서 오세요.
제 니 퍼	아주머니, 공책 한 권에 얼마예요?
아주머니	1,000원이에요.
제 니 퍼	지우개는 한 개에 얼마예요?
아주머니	500원이에요.
제 니 퍼	공책 세 권하고 지우개 한 개 주세요. 모두 얼마예요?

대답하세요

1. 제니퍼 씨는 무엇을 사요?
2. 공책은 세 권에 얼마예요?

단어와 표현

어서	권	에	얼마
원	개	앉다	우표
장	생선	마리	

◉ 어서 오세요

- 어서 오세요. 여기 앉으세요.
- 어서 오세요.
  – 한국어 책 있어요?
-

◉ 얼마예요?

- 일본에 편지를 보내요. 우표가 얼마예요?
- 이 생선은 얼마예요?
  – 3,000원이에요.
-

조금 더 공부해요

한
두
세
네
다섯
⋮
스무

\+

권

잔

마리

그릇

송이

개

병

장

대

문법 1 N에

- 커피 한 잔에 2,000원이에요.
- 맥주 한 병에 3,000원이에요.
- 아주머니, 사과 5개에 얼마예요?
  - 4,500원이에요.

연 습

1. 〈보기〉와 같이 쓰세요.

500원

보기

가 : 지우개는 얼마예요?
나 : 한 개에 오백 원이에요.

1) 
2,000원

가 : 아이스크림은 얼마예요?
나 : ______________________.

2) 
4,000원

가 : 맥주는 얼마예요?
나 : ______________________.

3) 
1,500원

가 : 꽃은 얼마예요?
나 : ______________________.

4) 

20,000원

가 : 사전은 얼마예요?
나 : ______________________.

5) 

250원

가 : 우표는 얼마예요?
나 : ______________________.

문법 2 V-(으)세요, V-(으)십시오

	-(으)세요	-(으)십시오
가다	가세요	가십시오
읽다	읽으세요	읽으십시오
공부하다	공부하세요	공부하십시오
먹다	드세요	드십시오
자다	주무세요	주무십시오

- 모두 앉으세요.
- 열심히 공부하세요.
- 아주머니, 냉면 세 그릇 주세요.

연 습

1. 〈보기〉와 같이 쓰세요.

보기 (시장, 가다) 시장에 가세요.

1) (학교, 가다) 학교에 ______________.

2) (구두, 사다) 구두를 ______________.

3) (텔레비전, 보다) 텔레비전을 ______________.

4) (김밥, 먹다) ______________.

5) (신문, 읽다) ______________.

II

상우 팀 씨, 지금 어디에 가세요?

팀 백화점에 가요.
디지털 카메라를 사고 싶어요.

상우 그러면 백화점은 비싸니까 전자상가에 가세요.

팀 전자상가가 어디에 있어요?

상우 역 근처에 있어요.

대답하세요

① 팀 씨는 무엇을 살 거예요?

② 전자상가는 어디에 있어요?

단어와 표현

디지털 카메라 / 전자상가 / 역 / 근처 / 빵집

◉ N 근처(에)

- 이 근처에 빵집이 있어요?
- 학교 근처에 식당이 많아요.
-

조금 더 공부해요

가게

전자상가

약국

문구점

대형 할인 매장

문법 1 V-고 싶다

- 주말에 여행을 가고 싶어요.
- 배가 고파서 밥을 먹고 싶어요.
- 무엇을 사고 싶어요?
  - 바지를 사고 싶어요.

연습

1. 〈보기〉와 같이 쓰세요.

보기

가 : 무엇을 사고 싶어요?

나 : 디지털 카메라를 사고 싶어요.

1) 

가 : 무엇을 먹고 싶어요?

나 : ______________________________.

2) 

가 : 어디에 가고 싶어요?

나 : ______________________________.

3) 

가 : 무엇을 사고 싶어요?

나 : ______________________________.

4) 

가 : 무엇을 하고 싶어요?

나 : ______________________________.

문법 2 S -(으)니까 S

V	-(으)니까	A	-(으)니까
가다	가니까	비싸다	비싸니까
먹다	먹으니까	어렵다	어려우니까
공부하다	공부하니까	재미있다	재미있으니까

- 배가 고프니까 밥을 먹읍시다.
- 내일 시험이 어려우니까 공부하세요.
- 오늘 시내에 갈까요?
  - 오늘은 눈이 많이 오니까 내일 갑시다.

연 습

1. 〈보기〉와 같이 쓰세요.

보기 백화점은 비싸다 / 시장에 가다
→ 백화점은 비싸니까 시장에 갑시다.
→ 백화점은 비싸니까 시장에 가세요.

1) 비가 오다 / 집에서 쉬다

→ ________________.

→ ________________.

2) 시간이 없다 / 빨리 가다

→ ________________.

→ ________________.

3) 날씨가 덥다 / 아이스크림을 먹다

→ ________________.

→ ________________.

종합연습

1. 연결하고 쓰세요.

1)  • • 송이 ( )

2)  • • 그릇 (냉면 세 그릇)

3)  • • 권 ( )

4)  • • 마리 ( )

5)  • • 개 ( )

6)  • • 대 ( )

2. 〈보기〉와 같이 문장을 만드세요.

> **보기** 주말에 무엇을 할까요?
> → 다음 주에 시험이 있으니까 같이 공부합시다.

1) 오늘 뭐 할까요?

→ ______________________________합시다.

2) 무엇을 읽을까요?

→ ______________________________읽읍시다.

3) 무엇을 살까요?

→ ______________________________삽시다.

4) 어디에 갈까요?

→ ______________________________갑시다.

5) 무엇을 먹을까요?

→ ______________________________먹읍시다.

3. 잘 듣고 질문에 대답하세요.

1) ① 200원 ② 300원 ③ 400원 ④ 500원

2) ① 사과 ② 귤 ③ 사과와 귤 ④ 귤과 바나나

3) ① 5,500원 ② 6,500원 ③ 7,500원 ④ 8,500원

4. 주말에 무엇을 하고 싶어요? 쓰세요.

- 주말에는 집에서 텔레비전을 보고 싶어요.
- ______________________________.
- ______________________________.
- ______________________________.

5. 무엇을 하고 싶어요? 친구와 이야기해 보세요.

	나	친구
방학이에요. 무엇을 하고 싶어요?		
백만 원이 있어요. 무엇을 사고 싶어요?		
누구를 만나고 싶어요?		
내일 시장에 가요. 무엇을 사고 싶어요?		

가 : 방학이에요. 무엇을 하고 싶어요?

나 : 시간이 많아요. 여행을 하고 싶어요.

읽기

♣ 다음 글을 읽고 질문에 대답하세요.

영수증	
주스×3	1,800원
라면×5	3,300원
빵×1	1,500원
술×2	5,000원
물×1	500원
	12,100원

나는 오늘 편의점에 갔습니다.
주스는 세 병에 천팔백 원이었습니다.
라면은 ______에 ______이었습니다.
빵은 ____________________.
술은 ____________________.
물은 ____________________.
모두 만 이천백 원이었습니다.

1. 오늘 어디에 갔습니까?

   ① 전자상가　② 편의점　③ 서점　④ 식당

2. 술은 한 병에 얼마입니까?

   ① 1,000원　② 1,500원　③ 2,000원　④ 2,500원

3. 여기에서 무엇을 안 샀습니까?

   ① 술　② 우유　③ 물　④ 주스

영수증　　술

16 부모님이 일본에서 오세요

I

내 친구 아사코는 일본에서 왔어요.
아사코는 대학교에서 한국어를 공부해요.
이번 주말에 아사코의 부모님이 일본에서 오세요.
아사코의 부모님은 여행을 좋아하세요.
아사코는 부모님과 함께 제주도에 갈 거예요.
제주도에서 배도 타고 말도 탈 거예요.

대답하세요

1. 아사코 씨는 어디에서 왔어요?
2. 아사코 씨의 부모님은 언제 한국에 오세요?
3. 아사코 씨는 제주도에서 무엇을 할 거예요?

단어와 표현

제주도	배	타다	말
택시	자전거		

◉ N을/를 타다

- 오늘 택시를 탔어요.
- 어제 배를 처음 탔어요.
- 주말에 공원에서 친구와 함께 자전거를 탈 거예요.
-

조금 더 공부해요

기차

버스

비행기

배

택시

자전거

차

지하철

오토바이

문법 N에서 오다

- 왕단 씨는 중국에서 왔어요.
- 이번 주말에 고향에서 부모님이 오세요.
- 팀 씨는 어디에서 왔어요?
  - 저는 캐나다에서 왔어요.

연 습

1. 〈보기〉와 같이 그림을 보고 쓰세요.

프랑스

보기

가 : 앙리 씨는 어디에서 왔어요?

나 : 저는 프랑스에서 왔어요.

1) 

중국

가 : 왕단 씨는 어디에서 왔어요?

나 : ______________________.

2) 

베트남

가 : 투이 씨는 어디에서 왔어요?

나 : ______________________.

3) 

일본

가 : 아사코 씨는 어디에서 왔어요?

나 : ______________________.

4) 

미국

가 : 제니퍼 씨는 어디에서 왔어요?

나 : ______________________.

함께 해요

♣ 〈보기〉와 같이 반 친구에게 물어 보세요. 그리고 듣고 쓰세요.

> **보기**
> 상우 : 투이 씨는 어디에서 왔어요?
> 투이 : 저는 베트남에서 왔어요.
> 팀 씨는 어디에서 왔어요?

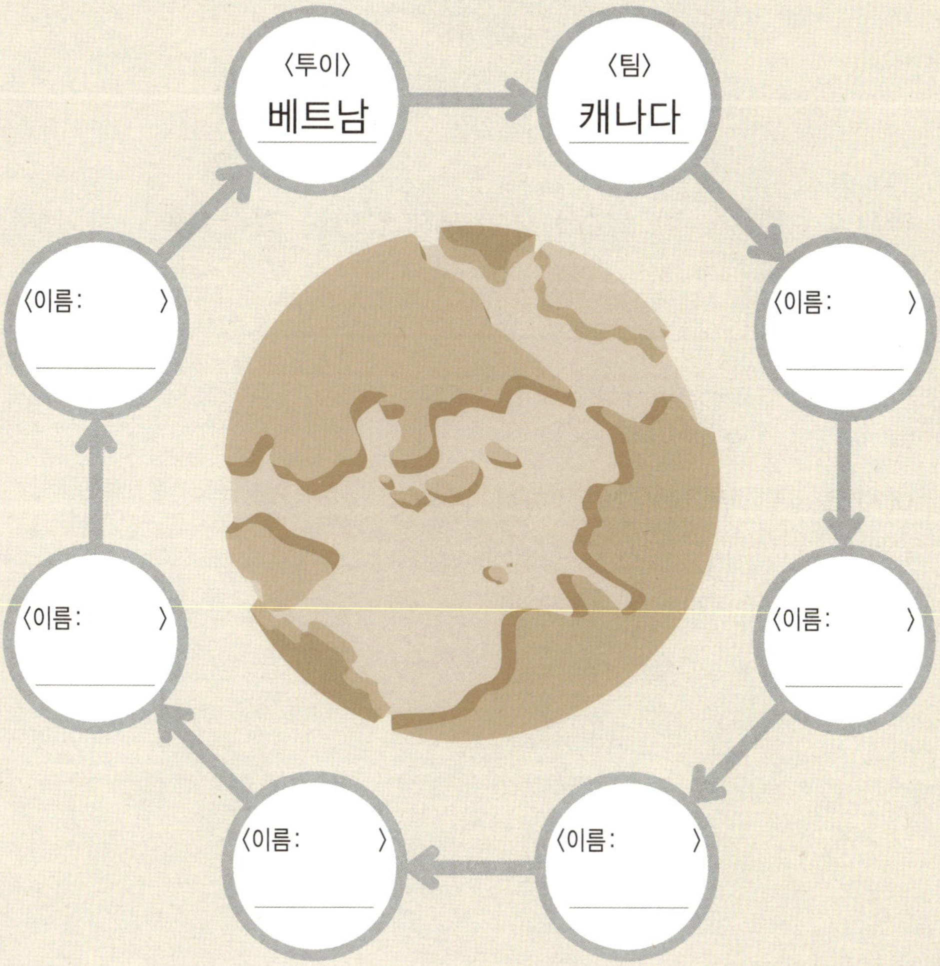

II

아사코 팀 씨, 학교에서 공항까지 얼마나 걸려요?

팀 버스로 한 시간쯤 걸려요.
공항에 왜 가요?

아사코 일본에서 부모님이 오세요.

팀 그래요?

아사코 몇 번 버스가 공항에 가요?

팀 420번 버스가 공항에 가요.
학교 앞에서 타세요.

대답하세요

1. 학교에서 공항까지 얼마나 걸려요?
2. 공항에 가고 싶어요. 어디에서 몇 번 버스를 타요?

단어와 표현

공항	얼마나	걸리다	쯤	KTX
무궁화호	왜	그래요	한라산	

◉ 얼마나

- 잠을 얼마나 잤어요?
  - 열 시간 잤어요.
- 어제 얼마나 공부했어요?
  - 두 시간 공부했어요.
-

◉ 걸리다

- 이 일은 한 달 걸릴 거예요.
- 서울까지 기차로 얼마나 걸려요?
  - KTX는 한 시간 걸리고 무궁화호는 두 시간 걸려요.
-

◉ 쯤

- 학생이 스무 명쯤 왔어요.
- 그 영화를 십 분쯤 봤어요.
-

◉ 왜

- 왜 밥을 안 먹어요?
  - 배가 아파서 못 먹어요.
- 왜 시내에 안 가요?
  - 비가 많이 와서 안 가요.
-

◉ 그래요?

- 부모님과 한라산에 가요.
  - 그래요? 언제 가요?
- 우리 학교는 내일 시험이 있어요.
  - 그래요? 무슨 시험이에요?
-

문법 1 N에서 N까지

- 집에서 학교까지 15분 걸려요.
- 여기에서 도서관까지 얼마나 걸려요?
  - 10분쯤 걸려요.
- 부산 역에서 바다까지 시간이 얼마나 걸려요?
  - 1시간쯤 걸려요.

연 습

1. 〈보기〉와 같이 쓰세요.

10분

보기

가 : 기숙사에서 도서관까지 얼마나 걸려요?
나 : 십 분쯤 걸려요.

1)

20분

가 : 학교에서 시장까지 시간이 얼마나 걸려요?
나 : ______________________.

2)

15분

가 : 집에서 공원까지 시간이 얼마나 걸려요?
나 : ______________________.

3)

45분

가 : 여기에서 공항까지 시간이 얼마나 걸려요?
나 : ______________________.

4)

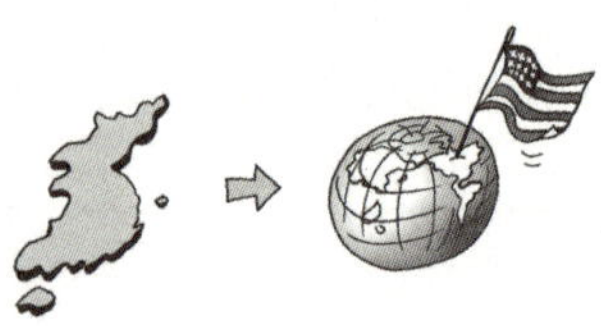

13시간

가 : 한국에서 미국까지 얼마나 걸려요?
나 : ______________________.

문법 2 N(으)로

- 집에서 학교까지 자전거로 15분 걸려요.
- 학교에서 시내까지 얼마나 걸려요?
  - 지하철로 이십 분쯤 걸려요.
- 여기에서 고향까지 시간이 얼마나 걸려요?
  - 비행기로 두 시간쯤 걸려요.

연 습

1. 〈보기〉와 같이 쓰세요.

30분

보기

가 : 학교에서 시내까지 얼마나 걸려요?

나 : 버스로 삼십 분쯤 걸려요.

1)

15분

가 : 학교에서 은행까지 얼마나 걸려요?

나 : ______________________.

2)

5분

가 : 기숙사에서 도서관까지 얼마나 걸려요?

나 : ______________________.

3)

1시간

가 : 서울에서 제주도까지 얼마나 걸려요?

나 : ______________________.

4)

20분

가 : 집에서 백화점까지 얼마나 걸려요?

나 : ______________________.

종합연습

1. 〈보기〉와 같이 대답하세요.

일본 → 한국

보기

가 : 아사코 씨는 어디에서 왔어요?

나 : 저는 일본에서 왔어요.

가 : 일본에서 한국까지 배로 얼마나 걸려요?

나 : 4시간쯤 걸려요.

1) 

미국 → 한국

가 : 제니퍼 씨는 어디에서 왔어요?

나 : ______________________.

가 : 미국에서 한국까지 ______________?

나 : ______________________.

2) 

일본 → 한국

가 : 아사코 씨는 어디에서 왔어요?

나 : ______________________.

가 : 일본에서 한국까지 ______________?

나 : ______________________.

3) 

베트남 → 한국

가 : 투이 씨는 어디에서 왔어요?

나 : ______________________.

가 : 베트남에서 한국까지 ______________?

나 : ______________________.

4) 

중국 → 한국

가 : 왕단 씨, ______________________?

나 : ______________________.

가 : ______________________?

나 : ______________________.

2. 시간이 얼마나 걸려요? 〈보기〉와 같이 이야기해 보세요.

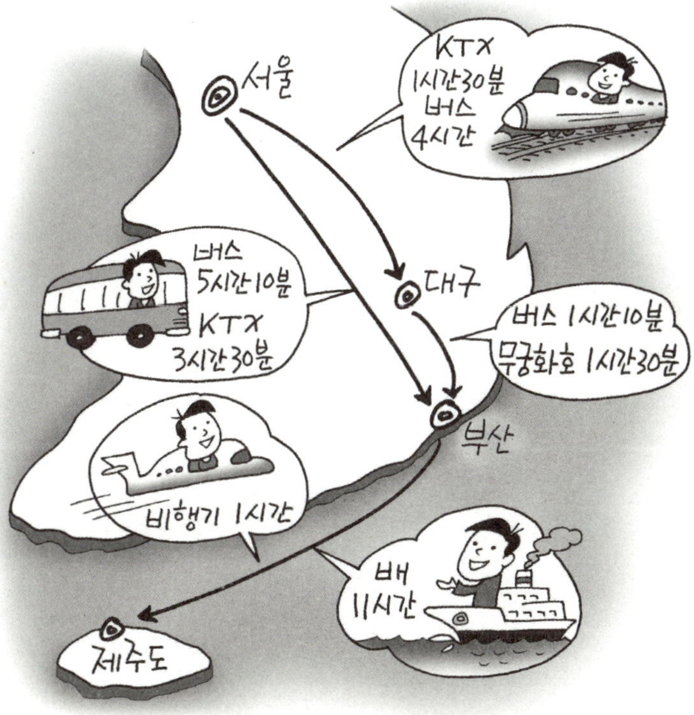

보기

가 : 서울에서 대구까지 가고 싶어요.

나 : 기차도 있고 버스도 있어요.

가 : 대구까지 버스로 얼마나 걸려요?

나 : 버스로 4시간쯤 걸려요.

가 : 기차로 얼마나 걸려요?

나 : 1시간 30분쯤 걸려요.

3. 잘 듣고 질문에 대답하세요.

1) ① 산에 갔어요. ② 쇼핑을 했어요.
③ 부산에 갔어요. ④ 집에서 공부했어요.

2) ① 

② 

③ 
④ 

3) ① 1시간쯤 ② 1시간 30분쯤
③ 2시간쯤 ④ 2시간 30분쯤

4. 어디에서 왔어요? 무엇을 탔어요? 한국까지 시간이 얼마나 걸렸어요?

읽기

♣ 다음 표를 보고 이야기해 보세요.

〈기차표〉

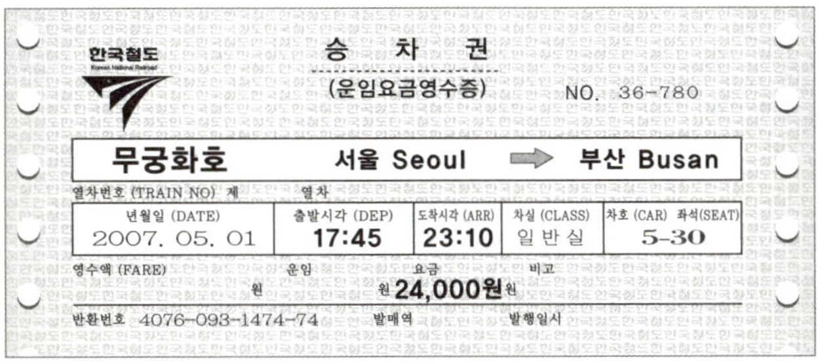

〈비행기표〉

1. 서울에서 부산까지 무궁화호 기차로 얼마나 걸려요?

2. 서울에서 부산까지 KTX로 가요. 얼마예요?

3. 서울에서 부산까지 비행기로 얼마나 걸려요?

4. 서울에서 부산까지 비행기 요금이 얼마예요?

기차표 요금

17 버스를 타고 가려고 합니다

I

팀과 제니퍼는 베트남 식당 앞에서 투이를 만나려고 합니다.
투이는 베트남 식당에서 아르바이트를 합니다.
베트남 식당은 시내에 있습니다.
두 사람은 버스를 타고 가려고 합니다.
425번 버스가 시내로 갑니다.
팀과 제니퍼는 버스를 기다립니다.

대답하세요

① 팀과 제니퍼 씨는 어디에 갈 거예요?
② 투이 씨는 무엇을 해요?
③ 팀과 제니퍼 씨는 몇 번 버스를 기다려요?

단어와 표현

아르바이트　번　기다리다　번호　께서

◉ 번

- 514번 버스가 시장에 갑니다.
- 몇 번 버스를 탈까요?
  - 665번 버스를 탑시다.
- 전화 번호가 몇 번이에요?
  - 오팔공의 육이일삼이에요.
-

◉ N을/를 타고 가다, N을/를 타고 오다

- 지하철을 타고 왔어요.
- 기차를 타고 부산에 갈 거예요.
- 여행을 가요. 무엇을 타고 가요?
-

◉ 기다리다

- 여기에서 기다리세요.
- 제 동생은 크리스마스를 기다려요.
- 지금 누구를 기다려요?
  - 부모님을 기다려요. 오늘 부모님께서 베트남에서 오세요.
-

문법 1 N(으)로

- 학생들은 방학에 고향으로 갑니다.
- 어디로 갈까요?
  - 공원으로 갑시다.
- 이 버스는 어디로 가요?
  - 시내로 가요.

연 습

1. 〈보기〉와 같이 쓰세요.

서울

보기

가 : 서울로 갈까요?

나 : 네, 서울로 갑시다.

1) 
바다

가 : 어디로 갈까요?

나 : ________________________.

2) 
일본

가 : 어디로 여행을 가고 싶어요?

나 : ________________________.

3) 
운동장

가 : 지금 어디로 가세요?

나 : ________________________.

4) 
제주도

가 : 어디로 갈까요?

나 : ________________________.

문법 2 V-(으)려고 하다

- 시험이 있어서 도서관에서 공부하려고 해요.
- 오늘 오후에 뭐 해요?
  - 친구와 영화를 보려고 해요.

연 습

1. 〈보기〉와 같이 쓰세요.

보기

가 : 어디에 가려고 해요?

나 : 학교에 가려고 해요.

1)

가 : 오후에 무엇을 하려고 해요?

나 : ______________________.

2)

가 : 친구와 어디에서 만나려고 해요?

나 : ______________________.

3)

가 : 저녁에 뭘 먹으려고 해요?

나 : ______________________.

4)

가 : 오늘 집에서 무엇을 하려고 해요?

나 : ______________________.

II

제 니 퍼	실례합니다. 베트남 식당이 여기에서 가까워요?
아주머니	네, 가까워요.
팀	어떻게 가요?
아주머니	편의점 앞에서 오른쪽으로 가세요. 그리고 약국 앞에서 왼쪽으로 가세요. 일본 식당 옆에 베트남 식당이 있어요.
제 니 퍼	죄송하지만 좀 천천히 말해 주세요.

대답하세요

1. 팀과 제니퍼 씨는 어디에 가려고 해요?
2. 베트남 식당은 어디에 있어요?

단어와 표현

가깝다	어떻게	오른쪽	왼쪽
죄송하다	천천히	말하다	담배
피우다	똑바로	도와주다	다리

◉ 어떻게 가요?

- 여기에서 시내까지 어떻게 가요?
- 공항에 어떻게 가요?
  - 501번 버스를 타고 가세요.
-

◉ 죄송하다

- 죄송하지만 김 선생님은 안 계세요.
- 여기에서 담배를 피울 수 없습니다.
  - 죄송합니다.
- 죄송하지만 화장실이 어디에 있어요?
  - 똑바로 가세요.
-

◉ 좀

- 이것 좀 드세요.
- 여기에서 좀 기다리세요.
- 죄송하지만 좀 도와주세요.
-

◉ 천천히

- 천천히 드세요.
- 천천히 구경하세요.
- 다리가 아파요. 좀 천천히 갑시다.
-

문법 V-아/어 주세요

- 천천히 말해 주세요.
- 한국어 책을 읽어 주세요.
- 내일 아침에 학교로 와 주세요.
- 죄송하지만 사진 좀 찍어 주세요.

연 습

1. 〈보기〉와 같이 쓰세요.

보기 오늘 오후에 전화하다
→ 오늘 오후에 전화해 주세요.

1) 월요일 아침에 도서관으로 오다

→ ______________________________.

2) 공책에 그림을 그리다

→ ______________________________.

3) 커피를 사다

→ ______________________________.

4) 여기에서 기다리다

→ ______________________________.

5) 방을 청소하다

→ ______________________________.

함께 해요

♣ 어떻게 도와 줄까요? 친구와 연습해 봅시다.

가르치다　　사다　　천천히 말하다　　사진을 찍다　　청소하다

보기

1)

2)

3)

4)

종합연습

1. 〈보기〉와 같이 대답하세요.

보기 한국어가 어려워요. 좀 가르쳐 주세요.

1) 오늘은 시간이 없어요. 내일 ______________________.

2) 지금은 바빠요. 좀 ______________________.

3) 지금은 왕단이 집에 없어요. 저녁에 ______________________.

4) 엄마, 아이스크림을 먹고 싶어요. 아이스크림 ______________________.

5) 그림을 좀 ______________________.

6) 좀 천천히 ______________________.

2. 잘 듣고 맞는 답을 고르세요.

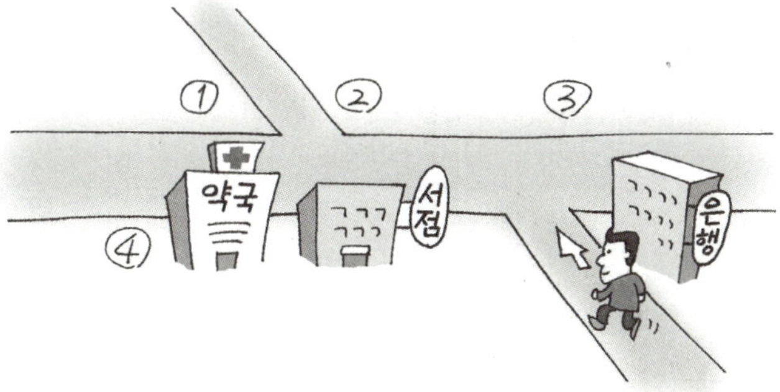

3. 여러분은 여름 방학에 무엇을 하려고 해요? 써 보세요.

보기 산 바다 제주도 부산 일본 미국 중국 수영장 공원

1) 어디에 가려고 해요?

2) 누구와 가려고 해요?

3) 어떻게 가려고 해요?

4) 거기에서 무엇을 하려고 해요?

5) 무엇을 먹으려고 해요?

4. 어떻게 갈까요? 〈보기〉와 같이 친구와 이야기해 보세요.

보기

가 : 실례합니다.
우체국이 어디에 있어요?

나 : 여기에서 똑바로 가세요.
그리고 약국 앞에서 오른쪽으로 가세요.
약국 옆에 우체국이 있어요.

읽기

♣ 다음을 읽고 대답해 보세요.

투이와 왕단은 제니퍼의 집으로 가려고 합니다.
제니퍼의 집은 시청 뒤에 있습니다.
지하철 1호선이 시청으로 갑니다.
그래서 두 사람은 지하철역에 가서 1호선을 탔습니다.
그리고 시청역에서 내렸습니다.

왕 단 실례합니다. 시청에 어떻게 가요?
아저씨 여기에서 똑바로 가세요.
그리고 사거리에서 왼쪽으로 가세요.
공원 옆에 시청이 있어요.

1. 투이와 왕단은 어디에 가려고 해요?
   ① 시청 ② 제니퍼의 집
   ③ 공원 ④ 시내

2. 시청은 어디에 있어요?

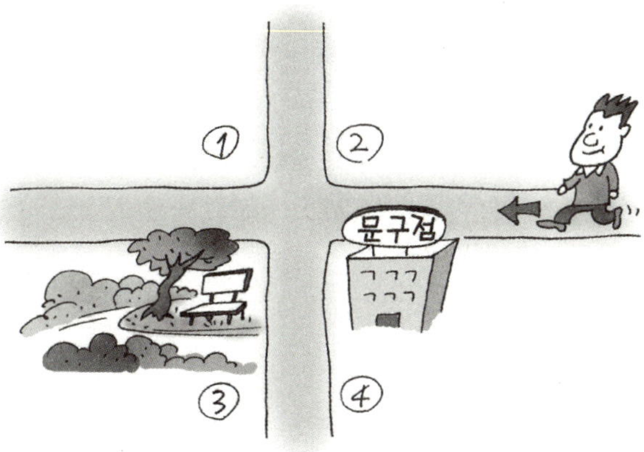

시청 호선 내리다 아저씨 사거리

18 커피를 마시지 마세요

I

약 사	어떻게 오셨어요?
제니퍼	감기에 걸려서 왔어요.
약 사	열이 나요?
제니퍼	네, 그리고 기침을 많이 해요.
약 사	목도 아파요?
제니퍼	아니요, 목은 괜찮아요.
약 사	그럼 이 약을 먹고 좀 쉬세요. 그리고 커피를 마시지 마세요.

대답하세요

① 제니퍼 씨는 어디에 갔어요?

② 제니퍼 씨는 목이 아파요?

단어와 표현

약사	감기	걸리다	열	나다
기침	목	괜찮다	약	

◉ 어떻게 오셨어요?

- 어떻게 오셨어요?
  - 목이 아파서 왔어요.
- 어떻게 오셨어요?
  - 김 선생님을 만나고 싶어서 왔어요.
-

◉ 괜찮다

- 죄송합니다.
  - 괜찮습니다.
- 많이 아파요?
  - 아니요, 괜찮아요.
-

조금 더 공부해요

❀ 몸

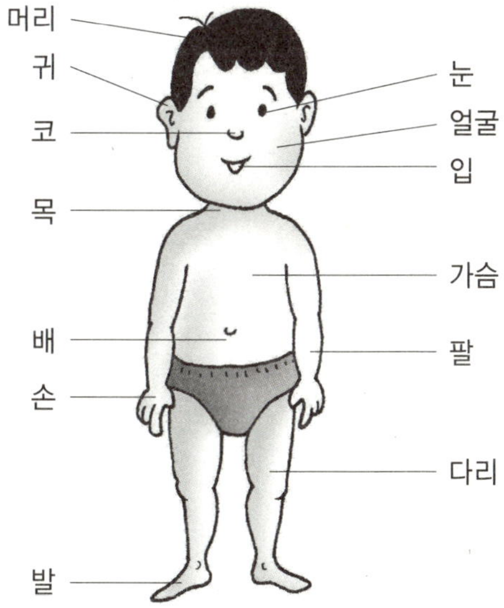

문법 V-지 마세요, V-지 마십시오

• 수업 시간에 전화하지 마세요.
• 술을 마시고 운전하지 마세요.
• 여기에서 담배를 피우지 마십시오.

연 습

1. 〈보기〉와 같이 쓰세요.

보기

담배를 피우지 마세요.
담배를 피우지 마십시오.

1) 

______________________.

______________________.

2) 

______________________.

______________________.

3) 

______________________.

______________________.

4) 

______________________.

______________________.

함께 해요

♣ 도서관에서

보기

음식을 먹지 마세요.

______________.

______________.

______________.

♣ 교실에서

V-(으)세요	V-지 마세요
• ______	• ______
• ______	• ______
• ______	• ______
• ______	• ______
• ______	• ______

II

제니퍼 언제 약을 먹어야 해요?
약 사 하루에 두 번 아침과 저녁에 드세요.
식사를 하고 약을 드셔야 해요.
제니퍼 물약하고 알약을 모두 같이 먹어요?
약 사 아니요, 물약은 아침에 드시고 알약은 저녁에 드세요.
그리고 물을 많이 드세요.
제니퍼 네, 고맙습니다.

대답하세요

1. 제니퍼 씨는 하루에 몇 번 약을 먹어야 해요?
2. 식사를 하고 약을 먹어요?
3. 물약은 언제 먹어야 해요?

단어와 표현

하루　　식사　　물약　　알약

◉ N에 - 번

- 일주일에 두 번 수영장에 가요.
- 하루에 한 번 방을 청소하세요.
- 이 약은 하루에 세 번 드세요.
-

◉ 식사(를) 하다

- 우리 같이 식사할까요?
- 누구와 함께 저녁 식사를 할 거예요?
- 친구를 만나서 함께 점심 식사를 했어요.
-

조금 더 공부해요

1일	2일	3일	4일	5일	……	10일
하루	이틀	사흘	나흘	닷새	……	열흘

문법 1 V-아야/어야 하다

- 매일 책을 읽어야 해요.
- 우리는 내일 오전 7시에 비행기를 타야 해요.
- 언제까지 숙제를 해야 해요?
  - 다음 주 월요일까지 해야 해요.

연 습

1. 무엇을 해야 해요? 〈보기〉와 같이 쓰세요.

보기

운동을 해야 해요.

1)  ______________________________.

2) 

______________________________.

3)  ______________________________.

4)  ______________________________.

문법 2 N은/는

- 농구는 좋아하지만 수영은 싫어해요.
- 불고기는 먹을 수 있지만 김치는 매워서 못 먹어요.
- 누가 청소를 하고 누가 요리를 할 거예요?
  – 청소는 내가 하고 요리는 제니퍼 씨가 할 거예요.

연 습

1. 〈보기〉와 같이 쓰세요.

보기
수영은 하지만 등산은 안 해요.

1)  ______________________.

2)  ______________________.

3) 

______________________.

4)  ______________________.

5)  ______________________.

종합연습

1. 〈보기〉에서 골라 알맞게 쓰세요.

보기	전화하다	피우다	마시다	사다	찍다

1) 여기는 교실이에요. 담배를 ____________지 마세요.

2) 열이 나니까 술을 ____________지 마세요.

3) 여기에서 사진을 ____________지 마세요.

4) 지금은 수업 시간이에요. ____________지 마세요.

5) 집에 과일이 많이 있으니까 과일은 ____________지 마세요.

2. 무엇을 해야 해요? 쓰세요.

1) 학생은 공부를 해야 해요.

학생은 ____.

2) 아버지는 회사에서 일을 해야 해요.

아버지는 ____.

3) 선생님은 학생들에게 한국어를 가르쳐야 해요.

선생님은 ____.

4) 나는 ____.

3. 〈보기〉처럼 쓰세요.

보기

(비가 오다, 산에 가다)

비가 오니까 산에 가지 마세요.

1) 

(차가 많다, 자전거를 타다)

______________________________.

2) 

(열이 나다, 아이스크림을 먹다)

______________________________.

3) 

(운전해야 하다, 술을 마시다)

______________________________.

4) 

(상우 씨가 바쁘다, 전화하다)

______________________________.

5) 

(컴퓨터가 비싸다, 사다)

______________________________.

4. 〈보기〉와 같이 쓰세요.

보기

배가 고파요.

밥을 먹어야 해요.

1) 

내일은 시험이에요.

________________________.

2) 

시간이 없어요.

________________________.

3) 

오늘은 언니의 생일이에요.

________________________.

4) 

주말에 친구가 집에 올 거예요.

________________________.

5. 잘 듣고 질문에 대답하세요.

1) (   )

2) ① 투이 씨는 주말에 숙제를 해야 합니다.

② 소영 씨는 투이의 숙제를 도와 줄 겁니다.

③ 두 사람은 토요일에 영화를 볼 겁니다.

④ 소영 씨는 일요일에 바쁩니다.

읽기

♣ 다음을 읽고 대답하세요.

<기숙사 생활>

- 밤 11시까지 기숙사에 와야 해요.
- 새벽에 샤워하지 마세요.
- 방에서 술을 마시지 마세요.
- 휴게실에서 공부할 수 있어요.
- 방에서 요리하지 마세요.
- 기숙사 안에서 담배를 피우지 마세요.

1. 팀 씨는 기숙사에서 무엇을 할 수 없어요?

① 밤 12시에 기숙사에 와요.

② 저녁을 먹고 샤워를 해요.

③ 기숙사 밖에서 담배를 피워요.

④ 휴게실에서 한국어를 공부해요.

2. 여러분의 기숙사에서는 무엇을 할 수 없어요? 쓰세요.

생활　　새벽

19 시간이 있으면 같이 가요

I

제니퍼 소영 씨, 학교 근처에 수영장이 있어요?
소 영 네, 학교에서 자전거로 10분쯤 걸려요.
그런데 왜요?
제니퍼 수영을 배우고 싶어요.
소영 씨도 시간이 있으면 같이 배워요.
소 영 저는 요즘 스포츠센터에서 요가를 배워요.
제니퍼 요가는 어때요?
소 영 재미있어요. 그런데 혼자 다녀서 좀 심심해요.

대답하세요

1. 학교에서 수영장까지 얼마나 걸려요?
2. 제니퍼 씨는 왜 수영장에 가려고 해요?
3. 소영 씨는 스포츠센터에서 무엇을 해요?

단어와 표현

그런데　스포츠센터　요가　혼자
심심하다

◉ 그런데

• 오늘 아주 예뻐요. 그런데 그 옷은 어디에서 샀어요?
• 불고기가 맛있어요?
  – 네, 아주 맛있어요. 그런데 티누 씨는 왜 안 먹어요?
•

◉ 왜요?

• 지금 집에 가야 해요.
  – 왜요?
• 소영 씨, 지금 바빠요?
  – 아니요, 바쁘지 않아요. 그런데 왜요?
• 상우 씨, 주말에 시간 있어요?
  – 네, 있어요. 왜요?
•

◉ 혼자

• 혼자 영화관에 가서 영화를 봤어요.
• 나는 어제 저녁에 혼자 밥을 먹었어요.
• 제니퍼 씨는 지난 방학에 혼자 여행을 했어요.
•

문법 S-(으)면 S

- 비가 오면 산에 가지 마세요.
- 날씨가 추우면 옷을 많이 입으세요.
- 내일 시간이 있으면 바다에 갈 거예요.

연습

1. 〈보기〉와 같이 쓰세요.

보기

(머리가 아프다, 약을 먹다)

머리가 아프면 약을 드세요.

1)

(심심하다, 영화를 보다)

______________________.

2)

(날씨가 좋다, 바다에 가다)

______________________.

3)

(눈이 오다, 눈사람을 만들고 싶다)

______________________.

4)

(날씨가 덥다, 수영을 하다)

______________________.

2. 문장을 만들어 보세요.

1) 시간이 있으면 같이 영화를 봅시다.

시간이 있으면 ____________________.

2) 이백만 원이 있으면 노트북을 사고 싶어요.

이백만 원이 있으면 ____________________.

3) 술을 많이 마시면 머리가 아파요.

술을 많이 마시면 ____________________.

4) 제주도에 가면 말을 탈 거예요.

제주도에 가면 ____________________.

5) 피곤하면 쉬세요.

피곤하면 ____________________.

6) 고향에서 부모님이 오시면 함께 여행할 거예요.

고향에서 부모님이 오시면 ____________________.

7) 음식이 매우면 물을 마셔요.

음식이 매우면 ____________________.

II

직 원 안녕하세요? 어떻게 오셨어요?

제니퍼 수영을 배우고 싶어서 왔어요.
작년에 수영을 조금 배웠지만 처음부터 다시 배우고 싶어요.

직 원 그래요?
초급반 수업은 오전반과 오후반이 있어요.

제니퍼 어느 반이 좋아요?

직 원 오후에는 사람이 많아요.
아마 오전반이 좋을 거예요.

대답하세요

1. 제니퍼 씨는 어디에 갔어요?
2. 제니퍼 씨는 어느 반에서 수영을 배울 거예요?

단어와 표현

직원	다시	초급반	어느
아마	초급	중급	고급

◉ 다시

- 내일 다시 오세요.
- 숙제를 다시 해야 해요.
- 처음부터 다시 시작합시다.
-

◉ 초급 / 중급 / 고급

- 중국어 고급반에는 학생이 많이 없어요.
- 9월부터 한국어 중급반에서 공부할 수 있어요.
- 일본어를 조금 할 수 있지만 초급부터 배우고 싶어요.
-

◉ 어느

- 어느 대학교에 다녀요?
- 어느 나라에서 왔어요?
  - 베트남에서 왔어요.
- 우체국은 어느 쪽으로 가야 해요?
  - 오른쪽으로 가세요.
-

◉ 아마

- 저 옷은 아마 비쌀 거예요.
- 내일은 아마 비가 올 거예요.
- 소영 씨는 아마 도서관에 있을 거예요.
-

문법 A/V -(으)ㄹ 거예요

- 내일도 아주 추울 거예요.
- 내일 오후부터 비가 올 거예요.
- 팀 씨는 주말에 아마 서울에 갈 거예요.

연습

1. 〈보기〉 처럼 쓰세요.

보기

가 : 팀 씨는 지금 뭐 해요?

나 : 아마 잠을 잘 거예요.

1)

가 : 소영 씨는 지금 뭐 해요?

나 : 아마 친구와 함께 ____________________.

2)

가 : 상우 씨는 지금 뭐 해요?

나 : 아마 시내에서 ____________________.

3)

가 : 아사코 씨는 지금 뭐 해요?

나 : 아마 집에서 ____________________.

4)

가 : 티누 씨는 지금 어디에 있어요?

나 : 아마 도서관에 ____________________.

함께 해요

♣ 〈보기〉와 같이 친구와 이야기해 보세요.

보기

가 : 고향에서 부모님이 오시면 무엇을 할 거예요?

나 : 고향에서 부모님이 오시면 여행도 하고 쇼핑도 할 거예요.

	친구 :	친구 :
내일 눈이 많이 오다		
수업시간에 자고 싶다		
기분이 나쁘다		
주말에 시간이 있다		
한국어 공부가 어렵다		

종합연습

1. 〈보기〉와 같이 알맞은 문장을 연결하세요.

보기 음식이 매우면 • • 회사에서 일할 거예요.

1) 커피를 마시면 • • 약을 드세요.

2) 지금 역에 가면 • • 3시 기차를 탈 수 있을 거예요.

3) 배가 아프면 • • 밤에 잠을 잘 수 없어요.

4) 컴퓨터를 많이 하면 • • 우유를 드세요.

5) 대학교 공부가 끝나면 • • 눈이 아파요.

2. 〈보기〉와 같이 쓰세요.

보기

날씨가 아주 추워요.

아마 눈이 올 거예요.

1)

내일부터 방학이에요.

아마 제니퍼 씨는 ________________.

2)

오늘은 토요일이에요.

아마 시내에 사람이 ________________.

3) 

꽃을 사세요.

아마 여자 친구가 ______________________.

4) 

이 영화를 봅시다.

아마 이 영화가 ______________________.

3. 〈보기〉와 같이 쓰세요

> **보기** (바쁘다, 못 오다)
> 가 : 내일 팀 씨도 여기에 와요?
> 나 : 팀 씨는 바빠서 못 올 거예요.

1) (비가 오다, 못 하다)

가 : 오늘 축구를 해요?

나 : ______________________.

2) (눈이 오다, 못 가다)

가 : 아사코 씨는 이번 주말에 산에 가요?

나 : 아사코 씨는 ______________________.

3) (감기에 걸리다, 못 가다)

가 : 제니퍼 씨도 오늘 노래방에 가요?

나 : 제니퍼 씨는 ______________________.

4) (떡볶이가 맵다, 싫어하다)

가 : 팀 씨는 떡볶이를 좋아해요?

나 : 팀 씨는 ______________________.

4. 잘 듣고 대답하세요.

1) ① 월요일 ② 화요일 ③ 수요일 ④ 목요일

2) ① 2시 ② 3시 ③ 4시 ④ 5시

3) ① 시간이 없어요. ② 수업이 많아요.
③ 친구가 많아요. ④ 수영장에 사람이 많아요.

5. 100,000,000원이 있으면 무엇을 할 거예요? 써 보세요.

읽기

♣ 다음을 읽고 대답하세요.

상우 씨!

내일 운동장에서 팀 씨의 친구들과 함께 농구를 할 거예요.

오전 10시까지 운동장으로 오세요.

내일 비가 오면 체육관에서 농구를 할 거예요.

비가 오면 체육관으로 오세요.

그런데 왕단 씨에게 이야기를 못 했어요.

상우 씨가 왕단 씨에게 이야기해 주세요.

그럼 내일 만나요.

-티누-

1) 누가 썼어요?

2) 내일 무엇을 할 거예요?

3) 누가 왕단 씨에게 이야기 할 거예요?

4) 상우 씨와 왕단 씨는 비가 안 오면 어디로 가야 해요?

체육관

20 요리 책을 보고 있어요

I

제니퍼	투이 씨, 지금 무슨 책을 보고 있어요?
투 이	요리 책을 보고 있어요.
제니퍼	한국 요리 책이에요?
투 이	네. 이번 주말에 친구들을 초대했어요.
제니퍼	친구들이 한국 음식을 좋아해요?
투 이	네. 그래서 한국 음식을 준비하려고 해요. 제니퍼 씨도 꼭 오세요.

대답하세요

① 투이 씨는 무엇을 보고 있어요?

② 투이 씨는 주말에 누구를 초대했어요?

③ 투이 씨는 무엇을 준비해요?

단어와 표현

초대하다 준비하다 꼭 여권

◉ N을/를 초대하다

- 선생님께서 우리를 초대하셨어요.
- 제 생일 파티에 친구들을 초대했어요.
- 저녁 식사에 친구들을 초대하고 싶어요.
-

◉ N을/를 준비하다

- 오후에 비가 올 거예요. 우산을 준비하세요.
- 내일 축구를 할 거예요. 운동화를 준비하세요.
- 무엇을 준비해야 해요?
  – 여권을 준비하세요.
-

◉ 꼭

- 9시까지 꼭 오세요.
- 일본에 오면 저한테 꼭 전화하세요.
- 내일 아침까지 숙제를 꼭 해야 해요.
-

문법 V-고 있다

• 팀 씨는 기숙사 식당에서 밥을 먹고 있어요.
• 제니퍼 씨는 요즘 스포츠센터에서 수영을 배우고 있어요.
• 상우 씨는 지금 뭐 하고 있어요?
 – 도서관에서 시험 공부를 하고 있어요.

연 습

1. 〈보기〉와 같이 쓰세요.

보기

가 : 무엇을 하고 있어요?
나 : 책을 읽고 있어요.

1)

가 : 무엇을 하고 있어요?
나 : ______________________.

2)

가 : 무엇을 하고 있어요?
나 : ______________________.

3)

가 : 무엇을 하고 있어요?
나 : ______________________.

4)

가 : 무엇을 하고 있어요?
나 : ______________________.

함께 해요

♣ 이야기해 보세요.

1. 무엇을 하고 있어요?

왕단

상우

팀

투이

제니퍼

소영

2. 옆 친구에게 물어 보세요.

어디에 살고 있어요?	
무엇을 공부하고 있어요?	

Ⅱ

지난 주말에 친구들이 우리 집에 왔습니다.
저는 쌀국수와 불고기를 준비했습니다.
친구들이 모두 좋아했습니다.
우리는 음악을 들으면서 음식을 먹었습니다.
그리고 이야기를 하면서 맥주도 마셨습니다.
좀 피곤했지만 참 재미있었습니다.
다음에는 우리 선생님을 초대하고 싶습니다.

대답하세요

1. 지난 주말에 무슨 음식을 준비했어요?
2. 주말에 누가 집에 왔어요?
3. 주말에 선생님도 초대했어요?

단어와 표현

쌀국수　　듣다　　참　　받다
닫다　　걷다　　묻다

◉ 참

- 우리 교실은 참 깨끗합니다.
- 오늘은 날씨가 참 좋습니다.
- 베트남 음식이 참 맛있었습니다.
-

조금 더 공부해요

❀ 세계의 대표 음식

이탈리아 – 피자와 스파게티

일본 – 초밥

중국 – 베이징 오리고기

베트남 – 쌀국수

프랑스 – 포도주와 치즈

독일 – 맥주와 소시지

인도 – 카레

한국 – 불고기와 김치

문법 1 V-(으)면서

- 운전하면서 전화하지 마세요.
- 팀 씨는 샤워를 하면서 노래를 해요.
- 어제 친구와 커피를 마시면서 이야기를 했어요.

연습

1. 〈보기〉와 같이 쓰세요.

보기

상우 씨는 콜라를 마시면서 영화를 봐요.

1) 

제니퍼 씨는 ______________________.

2) 

소영 씨는 ______________________.

3) 

아사코 씨는 ______________________.

4) 

투이 씨는 ______________________.

문법 2 'ㄷ' 불규칙

	-고	-지만	-아요/어요	-(으)면서
닫다	닫고	닫지만	닫아요	닫으면서
받다	받고	받지만	받아요	받으면서
걷다	걷고	걷지만	걸어요	걸으면서
듣다	듣고	듣지만	들어요	들으면서
묻다	묻고	묻지만	물어요	물으면서

- 어제 2시간 걸었어요.
- 음악을 들으면 기분이 좋아요.
- 친구에게 선생님의 전화번호를 물었어요.

연 습

1. 〈보기〉에서 골라서 알맞게 쓰세요.

보기 걷다 듣다 닫다 묻다 받다

1) 제니퍼 씨는 음악을 ________(으)면서 산책을 해요.

2) 친구에게 꽃을 ________아서/어서 기분이 좋아요.

3) ________아서/어서 가면 30분쯤 걸릴 거예요.

4) 추우니까 창문을 ________아/어 주세요.

5) 상우 씨한테 ________(으)면 팀 씨의 전화 번호를 가르쳐 줄 거예요.

종합연습

1. 〈보기〉와 같이 쓰세요.

보기 가 : 지금 무엇을 하고 있어요?
나 : (숙제) 숙제를 하고 있어요.

1) 가 : 지금 누구를 기다리고 있어요?
나 : (팀 씨) ______________________________.

2) 가 : 지금 뭐 먹고 있어요?
나 : (빵) ______________________________.

3) 가 : 지금 무엇을 하고 있어요?
나 : (편지) ______________________________.

4) 가 : 요즘 무슨 운동을 배우고 있어요?
나 : (요가) ______________________________.

2. 〈보기〉와 같이 쓰세요.

보기 (영어를 배우다, 한국어를 가르치다)
상우 씨는 요즘 영어를 배우면서 한국어를 가르치고 있어요.

1) (식당에서 일하다, 요리를 배우다)
투이 씨는 ______________________________.

2) (회사에 다니다, 한국어 공부를 하다)
팀 씨는 ______________________________.

3) (운동을 하다, 음악을 듣다)
제니퍼 씨는 ______________________________.

3. 〈보기〉와 같이 쓰세요.

보기

컴퓨터를	제니퍼 씨는	방에서	있어요	하고

제니퍼 씨는 방에서 컴퓨터를 하고 있어요.

1)

자요	들으면서	음악을	팀 씨는	잠을

팀 씨는 ______________________________.

2)

어제	맥주를	했어요	이야기를	마시면서

어제 ______________________________.

3)

있어요	보면서	먹고	텔레비전을	밥을	상우 씨는

상우 씨는 ______________________________.

4. 누구예요? 잘 듣고 이름을 쓰세요.

5. 모두 무엇을 하고 있어요? 그림을 보고 쓰세요.

1) 아사코 씨는 텔레비전을 보면서 차를 마시고 있어요.

2) 팀 씨와 왕단 씨는 ____________________.

3) 제니퍼 씨는 ____________________.

4) 소영 씨는 ____________________.

5) 투이 씨는 ____________________.

읽기

♣ 다음 글을 읽고 질문에 대답하세요.

나는 매주 토요일에 상우 씨와 함께 영화를 봅니다.
한국 영화를 보면서 한국어를 공부합니다.
(   ) 한국어 공부가 아주 재미있습니다.
그리고 한국 문화를 배울 수 있어서 좋습니다.
영화의 내용을 모르면 상우 씨에게 묻습니다.
그러면 상우 씨는 나에게 이야기를 해 줍니다.
상우 씨가 이야기를 해 주면 영화가 어렵지 않습니다.
다음 주에는 투이 씨도 우리와 함께 영화를 볼 것입니다.
투이 씨는 한국 배우들을 아주 좋아합니다.
우리는 영화를 보고 커피를 마시면서 이야기를 할 겁니다.

1. 내용과 맞는 것을 고르세요.

① 한국 영화는 아주 어렵습니다.

② 나는 매주 토요일에 투이를 만납니다.

③ 나는 영화를 보면서 한국 문화를 배웁니다.

④ 상우 씨가 나에게 한국 문화를 가르쳐 줍니다.

2. (   )에 알맞은 말을 고르세요.

① 그러면   ② 그리고   ③ 그렇지만

문화   내용   모르다   배우

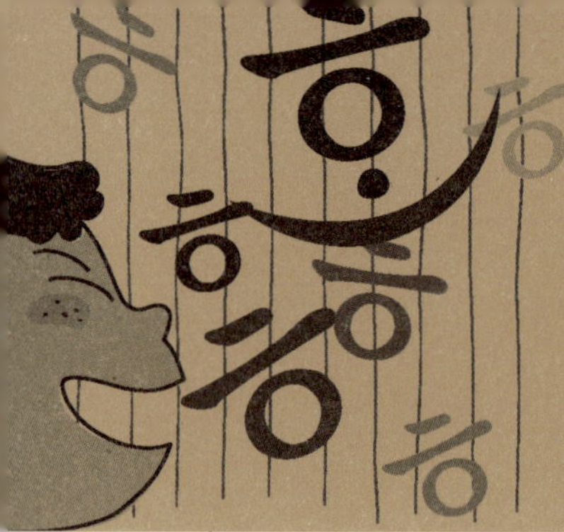

듣기 지문

1과 만나서 반가워요

2

1) 팀 : 안녕하세요? 저는 팀이에요.
캐나다 사람이에요. 저는 경찰이에요.

2) 아사코 : 안녕하세요? 저는 아사코예요.
일본 사람이에요. 저는 의사예요.

2과 이건 뭐예요?

1

1) 가 : 이건 뭐예요?
나 : 바나나예요

2) 가 : 그건 책이에요?
나 : 아니요, 사전이에요.

3) 가 : 저건 컴퓨터예요?
나 : 아니요, 책상이에요.

2 받아쓰기

1) 이건 책상이 아니에요.
2) 저건 귤이에요.
3) 그건 연필이에요?
4) 아니요, 바나나가 아니에요.
5) 저건 뭐예요?

3과 한국어 책을 읽어요

2

1) 투　이 : 제니퍼 씨, 지금 무엇을 해요?
　제니퍼 : 기숙사에서 책을 읽어요.

2) 투　이 : 왕단 씨, 지금 집에서 운동을 해요?
　왕　단 : 아니요, 학교에서 운동을 해요.

3) 투　이 : 아사코 씨, 지금 커피숍에서 커피를 마셔요?
　아사코 : 아니요, 저는 지금 식당에서 밥을 먹어요.

4) 투　이 : 팀 씨, 식당에서 밥을 먹어요?
　팀　　: 아니요, 기숙사에서 텔레비전을 봐요.

4과 어디에 가요?

3

팀　　: 제니퍼 씨, 도서관에 가요?
제니퍼 : 아니요, 도서관에 안 가요. 커피숍에 가요.
팀　　: 커피숍에서 무엇을 해요?
제니퍼 : 친구를 만나요. 그리고 커피를 마셔요.

5과 무슨 계절을 좋아해요?

4

투이 : 팀 씨는 무슨 계절을 좋아해요?
팀　: 겨울을 좋아해요. 나는 눈을 좋아해요.
　　투이 씨도 겨울을 좋아해요?
투이 : 아니요, 나는 겨울을 싫어해요.
　　겨울은 추워요. 나는 여름을 좋아해요.

6과 공원에서 제니퍼 씨를 만납니다

3

상 우 : 제니퍼 씨, 한국에서 뭐 해요?

제니퍼 : 영어를 가르치고 한국어를 배워요.

상 우 : 영어를 가르쳐요? 재미있어요?

제니퍼 : 네, 재미있어요.

상 우 : 한국어 공부는 어때요?

제니퍼 : 재미있어요. 그리고 한국어 선생님이 아주 좋아요.

7과 매점이 어디에 있어요?

3

1) 가 : 한국어 책이 어디에 있어요?
   나 : 의자 위에 있어요.
   가 : 사전도 의자 위에 있어요?
   나 : 아니요, 사전은 책상 아래에 있어요.

   한국어 책은 어디에 있어요?

2) 가 : 서점이 2층에 있어요?
   나 : 네, 2층에 있어요.
   가 : 커피숍은 어디에 있어요?
   나 : 서점 옆에 있어요.
   가 : 식당도 서점 옆에 있어요?
   나 : 아니요, 식당은 1층에 있어요.

   2층에 무엇이 있어요?

8과 생일이 언제예요?

3

1) 가 : 저는 8월 24일에 바다에 가요.
   나 : 바다에서 무엇을 해요?
   가 : 바다에서 수영을 해요.

2) 소영 : 상우 씨, 생일이 언제예요?
   상우 : 1월 7일이에요.
   소영 : 생일에 무엇을 해요?
   상우 : 친구와 같이 밥을 먹고 영화를 봐요.

3) 여자 : 토요일과 일요일에 한국어를 배워요?
   남자 : 아니요, 주말에는 한국어를 안 배워요.
   여자 : 주말에는 무엇을 해요?
   남자 : 집에서 청소를 해요. 그리고 텔레비전을 봐요.

9과 태권도 수업은 몇 시에 시작해요?

4

1) 가 : 지금 몇 시예요?
   나 : 9시 40분이에요.

2) 가 : 수업이 언제 시작해요?
   나 : 1시 10분에 시작해요.

3) 가 : 영화가 몇 시에 끝나요?
   나 : 6시 35분에 끝나요.

4) 가 : 팀 씨, 점심을 언제 먹어요?
   나 : 12시 반에 먹어요.

10과 동생은 등산을 좋아하지 않습니다

3

선생님 : 티누 씨, 어제 무엇을 했어요?
티 누 : 저는 어제 도서관에서 한국어를 공부했어요.
선생님은 어제 무엇을 했어요?
선생님 : 나는 어제 수업이 있었어요. 학교에서 학생들을 가르쳤어요.
왕단 씨는 어제 무엇을 했어요?
왕 단 : 저는 쇼핑을 하고 집에서 쉬었어요.

어제 뭘 했어요?

11과 우리 가족은 모두 다섯 명입니다

5

1) 가 : 가족이 몇 명이에요?
나 : 부모님이 계시고 형과 누나가 있어요.

가족은 모두 몇 명이에요?

2) 가 : 형은 무슨 일을 해요?
나 : 경찰이에요.

형은 무슨 일을 해요?

3) 가 : 누나는 회사원이에요?
나 : 아니요, 회사원이 아니에요. 간호사예요.

누나는 무엇을 해요?

4) 가 : 형과 누나는 몇 살이에요?
나 : 형은 26살이고 누나는 24살이에요.

형은 몇 살이에요?

12과 외국어를 할 수 있어요?

4

1) 가 : 상우 씨, 축구를 할 수 있어요?
나 : 네, 할 수 있어요. 티누 씨도 축구를 할 수 있어요?
가 : 아니요, 저는 축구를 못 해요. 농구를 할 수 있어요.

2) 가 : 제니퍼 씨, 어제 숙제했어요?
나 : 아니요, 어제 머리가 아파서 못 했어요.
그래서 지금 숙제해요.

13과 사진을 찍을 거예요

3

상우 : 왕단 씨, 이번 방학에 고향에 갈 거예요?
왕단 : 네, 갈 거예요.
상우 : 고향에서 무엇을 할 거예요?
왕단 : 친구들을 만날 거예요.
그리고 여행도 할 거예요.
상우 : 누구와 함께 여행을 할 거예요?
왕단 : 한국 친구가 중국에 올 거예요. 그 친구와 함께 여행할 거예요.
상우 : 중국 여행을 할 거예요?
왕단 : 네, 그리고 일본에도 갈 거예요.
상우 씨는 방학에 무엇을 할 거예요?
상우 : 저는 외국어 공부를 열심히 할 거예요.

14과 잠깐 쉴까요?

3

1) 가 : 아침을 못 먹었어요. 배가 고파요.
나 : 나도 못 먹었어요. 편의점에 가서 라면을 먹을까요?
가 : 네, 라면도 먹고 김밥도 먹어요.

두 사람은 편의점에서 무엇을 먹습니까?

2) 제니퍼 : 우리 일요일에 수영장에 갈까요?
아사코 : 저는 수영을 못 해요.
제니퍼 : 그러면 농구는 할 수 있어요?
아사코 : 물론이에요.
제니퍼 : 그러면 일요일에 같이 농구를 합시다.
아사코 : 네, 좋아요.

두 사람은 일요일에 무엇을 할 겁니까?

15과 공책 한 권에 얼마예요?

3

아주머니 : 어서 오세요.
팀 : 안녕하세요? 아주머니, 사과 있어요?
아주머니 : 네, 있어요.
아 사 코 : 얼마예요?
아주머니 : 한 개에 500원이에요.
팀 : 나는 귤도 먹고 싶어요.
아사코 씨, 우리 귤도 사요.
아 사 코 : 좋아요. 아주머니, 귤은 얼마예요?
아주머니 : 귤은 10개에 3,000원이에요.

아 사 코 : 그럼 사과 5개하고 귤 10개 주세요.
팀 씨, 바나나도 살까요?
팀 : 아니요. 바나나는 집에 많이 있어요.

1) 귤은 한 개에 얼마입니까?
2) 두 사람은 무엇을 샀습니까?
3) 모두 얼마입니까?

16과 부모님이 일본에서 오세요

3

소 영 : 아사코 씨, 주말에 뭐 했어요?
아사코 : 주말에 친구와 부산에 갔어요.
소 영 : 그래요? 기차로 갔어요?
아사코 : 아니요, 버스로 갔어요.
소 영 : 여기에서 부산까지 시간이 얼마나 걸려요?
아사코 : 버스로 1시간 30분쯤 걸려요.
소영 씨는 주말에 뭐 했어요?
소 영 : 저는 시험이 있어서 집에서 공부했어요.

1) 소영 씨는 주말에 무엇을 했습니까?
2) 부산까지 무엇으로 갔습니까?
3) 부산까지 시간이 얼마나 걸립니까?

17과 버스를 타고 가려고 합니다

2

상 우 : 이 근처에 우체국이 있어요?
아주머니 : 네, 있어요.
상 우 : 어디에 있어요?

아주머니 : 여기에서 똑바로 가세요.
그리고 사거리에서 왼쪽으로 가세요.
서점 옆에 약국이 있어요.
우체국은 약국 앞에 있어요.
상　　우 : 감사합니다.

우체국은 어디에 있습니까?

18과 커피를 마시지 마세요

5

투이 : 소영 씨, 이번 주말에 시간 있어요?
소영 : 토요일에는 바쁘지만 일요일에는 시간이 있어요. 왜요?
투이 : 한국어 숙제가 너무 어려워서 할 수 없어요.
소영 씨가 좀 도와줄 수 있어요?
소영 : 네, 좋아요. 숙제가 뭐예요?
투이 : 한국 영화 하나를 보고 그 영화의 이야기를 써야 해요.
소영 : 그래요? 투이 씨는 무슨 영화를 보고 싶어요?
투이 : 저는 '겨울 이야기'를 보고 싶어요.
소영 : 저도 그 영화를 보고 싶었어요.
투이 : 그럼, 일요일에 같이 봐요. 고마워요.

1) 두 사람은 무슨 영화를 볼 거예요?
2) 맞으면 ○, 틀리면 ×하세요.
① 투이 씨는 주말에 숙제를 해야 합니다.
② 소영 씨는 투이의 숙제를 도와 줄 겁니다.
③ 두 사람은 토요일에 영화를 볼 겁니다.
④ 소영 씨는 일요일에 바쁩니다.

19과 시간이 있으면 같이 가요

5

가 : 이번 주말에 시간 있으면 수영장에 가요.
나 : 주말에는 수영장에 사람들이 아주 많을 거예요.
가 : 그럼 월요일은 어때요?
나 : 미안해요. 월요일에는 수업이 많아서 시간이 없어요.
가 : 수요일은 어때요?
나 : 좋아요. 몇 시에 만날까요?
가 : 수요일 3시에 학교 앞에서 만나서 같이 가요.

1) 두 사람은 무슨 요일에 수영을 할 거예요?
2) 두 사람은 몇 시에 만날 거예요?
3) 두 사람은 왜 주말에 수영장에 안 가요?

20과 요리 책을 보고 있어요

4

가 : 제인 씨는 지금 뭐 하고 있어요?
나 : 방에서 텔레비전을 보고 있어요.
가 : 민우 씨는 지금 밥을 먹고 있어요?
나 : 아니요, 민우 씨는 차를 마시면서 책을 읽고 있어요.
가 : 요코 씨와 마이클 씨는 뭐 하고 있어요?
나 : 요코 씨는 음악을 들으면서 춤을 추고 있어요.
그리고 마이클 씨는 그림을 그리고 있어요.

새로 나온 어휘

살아있는 한국어 I

저자

김선정

University of London(SOAS) 언어학 박사
계명대학교 한국어문학부 한국어교육과 교수

강현자

계명대학교 외국어로서의 한국어교육학 박사
계명대학교 Tabula Rasa College 교수

이소현

계명대학교 외국어로서의 한국어교육학 박사 수료
계명대학교 한국어학당 강사

이명오

계명대학교 외국어로서의 한국어교육학 석사
프랑스 ISMAC 한국어 강사

살아있는 한국어 I

지은이 김선정, 강현자, 이소현, 이명오
삽 화 이진한
펴낸이 신일희
펴낸곳 계명대학교 출판부

초판 1쇄 발행 2008년 7월 25일
초판 12쇄 발행 2025년10월 30일

주소 대구 달서구 달구벌대로 1095
전화 053) 580-6233
팩스 053) 580-6235
등록 제347-1998-1호(1970. 9. 1)

ISBN 978-89-7585-566-5
ISBN 978-89-7585-565-8(세트)

CD 별매

정가 17,000원